SECRETS OF EDUCATION

教育的秘密

一部给孩子一生快乐幸福的智慧书

倪 敏 著

南京大学出版社

图书在版编目(CIP)数据

教育的秘密 / 倪敏著. —南京:南京大学出版社,
2018.1

ISBN 978 - 7 - 305 - 19804 - 5

Ⅰ. ①教… Ⅱ. ①倪… Ⅲ. ①幼儿教育-家庭教育
Ⅳ. ①G781

中国版本图书馆 CIP 数据核字(2017)第 326929 号

出版发行　南京大学出版社
社　　址　南京市汉口路22号　　　邮　编　210093
出 版 人　金鑫荣

书　　名　**教育的秘密**
著　　者　倪　敏
责任编辑　沈丽媛　纪玉媛　　编辑热线　025 - 83751100
审读编辑　陈　澄

印　　刷　南京陆军指挥学院印刷厂
开　　本　880×1230　1/32　印张6.625　字数90千
版　　次　2018年1月第1版　2018年1月第1次印刷
ISBN　978 - 7 - 305 - 19804 - 5
定　　价　32.00元

网　　址　http://www.njupco.com
官方微博　http://weibo.com/njupco
官方微信　njupress
销售咨询热线　025 - 83594756

序

一本学得会的育儿书

给别人的书写序,我总觉得是件神圣的事情,需要德高望重,在业界有一定的知名度和权威的专家才能做的事情,这些我都不是,我只是一位从事了 20 年家庭教育思考与指导工作的教育践行者和在大学教授家庭教育学的普通教师。

和倪敏老师接触比较多的是在江苏省家庭教育研究会,我们每年总能围坐在一起谈谈家庭教育,谈谈家庭教育工作的一些问题,每每都能从她的思考和谈话中得到启发,也常常听到跟她更熟悉的老师对她孩子健康发展的溢美之词,本着对家庭教育工作的敏感,总希望有机会能听听倪敏老师说说她家孩子的成长故事,但又总是来去匆匆或者碍于对别人隐私的尊重,不便于多探究。

前两天收到倪敏老师的电话,邀请我给她反思孩子教育过程的新书写序言,十分喜悦,送上门来的学习,我可以先睹为快,还可以将自己的阅读感想写下来,向倪老师请教并与更多人分享,这是一件幸福的事情。

写个人教子经验的书在家庭教育图书市场中是最多的一类,也是对广大父母育儿启发最大的书之一,它因为接地气,能减少读者文字与实践的转换之苦;因为故事性,有着极强的可读性,有利于父母的阅读和坚持学习;因为写作者育儿的完整性,能够相对系统地说明一个人发展的前因后果;因为与孩子的特殊关系,可以将育儿细节描述得特别详细。这些特点都是他人所无法企及的,因为从家庭之外看家庭,从生命之外体验生命,从一个阶段推测另一个阶段都是逻辑的,而不是生命的,因此,我特别看重父母所写的自己的家庭故事与育儿经历。

　　当然,不同的作者经验不同,也不是所有的育儿故事都能够给其他父母以启示,或者说不同作者写出来的育儿故事对其他父母的启发价值不同。这主要受制于写作者的教育专业储备,同样的故事不同专业的人分析的角度不同,目前家教图书市场上著作者的学科背景不同,所采取的立场也不同。有文学背景的,如一些作家协会的会员,他们更多地从人文的角度理解一个人的发展,阐释对教育的理解,文字优美、情绪饱满,容易激起读者的共鸣,但问题是情绪有余,理性不足。有哲学背景的家长,他们更多从人和人生本源的角度出发,思考人的发展和教育,理性剖析深刻,充满着对人的发展与世界发展的深刻关怀,具有一定的终极性。具有教育学和心理学背景的著作目前也越来越多,在中国近代史上比较有名的且到现在还在发挥着深刻影响的是儿童心理学大家、幼儿教育大师陈鹤琴先生在 1925 年写的《家庭教育》。该书主要由陈先生对自己的孩子一鸣和

其他几个孩子的观察记录分析而成，读起来故事性和教育性俱佳，堪称经典。

倪敏老师正是从陈鹤琴先生工作过的南京师范大学学前教育专业毕业，又常年从事幼儿教育的教学、研究与管理工作。这本著作包含她从准妈妈到孩子小学毕业的心路历程、自我父母角色的建设以及与孩子互动中发生的点点滴滴。没有惊心动魄的大事件，没有跌宕起伏的故事情节，每天平平淡淡的日子里流淌着隽永的故事，折射出教育研究者的智慧与对孩子发展的拳拳之心。

用心过好平凡的日子，这是倪敏老师传递出来的家庭教育的真谛。

用心而不焦虑。这是倪老师在书中传递给所有父母最有价值的信息，孕育孩子首先需要用心，我们在培养一个活生生的生命，她来到这个世界的基础完全是父母所赋予，除了基因我们不能随心所欲控制外，能控制的部分都需要用心，从饮食、作息、运动到环境与心理，不可懈怠。这份用心是科学的,是基于目前所能掌握的各学科研究成果而进行的。要系统了解育儿的营养、胎教与心理学知识,相关的图书和网络资讯很多,只要我们做父母的用心一点就可以做到。

但是,倪老师在普及科学知识的基础上还传递了对父母来说更为重要的理念——不焦虑。科学育儿很容易变成一种焦虑,在科学育儿这一理念上,父母不需要亦步亦趋,否则就是一种束缚,而这样的束缚和紧张焦虑是极具伤害性的。在阅读倪老师这本书时,要细细体会用心育儿与避免焦虑之间的平衡。

科学而不枯燥。感知觉、注意力、观察力、想象力、思维力、去自我中心化、兴趣、意志品质和性格特征,这一系列心理学专有名词,即使是科班出身的教育学习者与研究者都不会太亲近,因为它是专业术语,有着清晰的界限和具体的内涵与外延,是抽象化的概念,便于研究与交流。普通父母不是专业心理学方面的工作者,他们不需要对这些概念过分深究。在二十多年以前，很少有父母会关注这些词汇，但是随着育儿科学、心理科学和教育知识的普及，我们越来越多地从通俗读物或别的途径熟悉了这些词，但是这些词到底表示什么，它们到底对我们孩子的发展意味着什么，还有待深入学习。

不少父母为了真正弄明白这些概念的内涵，会冲动地买上几本心理学专业书籍来啃，但不是啃不下去就是啃下去消化不了，无法转化成自己的教育行为。一般的家庭育儿通俗读物很少用这些词汇，对它们而言，可读性远远大于准确性和科学性。相较之下，大量育儿书大卖，原本的概念经过各种包装或者被过于通俗化地表达，不仅没能帮助父母，还在父母的大脑里灌输了一系列错误的观念、知识和不靠谱的方法；父母们的育儿思想没有越来越清晰，混乱感和焦虑感倒是与日俱增。

倪老师没有回避这些科学的概念，也没有枯燥地解释这些概念，而是用自己的育儿实践深入浅出地诠释着它们。

有原则而不僵化。现在的育儿观念满天飞，每一句教育箴言都向我们传递着不同学科对儿童发展以及对教育的别样理解，不同学科或者同一学科不同流派所总结出来的教育原则也各有侧重，甚至有些论述是冲突的。这让很多非教育与心理专业的父母感到困惑，到底谁是对的？到底哪一句话适合我家的孩子？为什么我做了却没有收到同样的效果？……这些问题都在困扰着爱学习、负责任的年轻父母们。理论是简洁的，而实践却是丰富多彩的。

倪老师在书中通过女儿成长中发生的一个个故事讲教育和心理原则的艺术化、个性化。在这里，原则再也不是僵化的条文，而是灵动的不断变化的鲜活的教育实践。孩子做不完作业，要不要继续做？如何让孩子把学习变成自己的事情？学习到底为了谁？孩子粗心的毛病怎么改？如何支持老师的决定，实现家校合作？如何帮助孩子走出低潮期？能不能帮助孩子做功课？……所有这一切都不是靠一两句简单的原则定义就能说得清楚，孩子的成长不是机械的，不是给个程序就能够自动产出标准件的过程。教育是基于原则不断自省、自审、自问以至于自我修正的过程。

通读这本饱含着爱与智慧的育儿故事书，质朴的文字中映射着专业教育的光辉，鲜活的故事中满含教育的艺术气息。愿倪老师和妮妮生活快乐，愿越来越多的家庭幸福美满！

一点读后感，是为序。

殷飞

2017 年 9 月 1 日

（殷飞　南京师范大学教育科学学院儿童发展与家庭教育研究中心副主任，南京市家庭教育研究会副会长，江苏省心理学会家庭教育心理专业委员会秘书长，国务院妇女儿童工作委员会办公室儿童工作智库专家）

前言

我的"教育秘密"

我的"教育秘密"解读：

教育的秘密是什么？其实，教育没有秘密，关键是要"用心"，对家长而言，"用心"更显重要。

也许您会说，对孩子用心，是普天下父母的本能。而我说的"用心"，则是指有意识、有目的、有计划、有步骤，用科学的方法对孩子进行哺育培养，进而让孩子健康聪敏、快乐一生！

关于本书的构想：

写这本书的原意有三：其一，记录下孩子成长中的故事，为女儿留下今后可以想念爸爸妈妈的内容；其二，与当今的年轻父母分享养育孩子的经验和幸福；其三，作为学前专业科班出身的我，想将自己家庭教育的实践体验作理念的提升。对于本书，我按照孩子成长的年龄段，记录下"一串"故事（本书呈现的故事顺序也基本按照女儿成长的年龄，以便读者更好地理解故事背后的教育依据）。

在征得女儿的意见后，决定仅将以下故事公开，分别是胎儿期的秘密——用心奠定健康基础；学前期的秘密——用心养成情感习惯；小学期的秘密——用心磨炼品质能力。

C 目 录
ONTENTS
教育的秘密

下篇

小学期的秘密——用心磨炼品质能力

上篇

胎儿期的秘密

——用心奠定健康基础

幸福的人生通常是相似的，大多数女性对幸福生活的渴望远大于对成功的追求，而对于孩子的喜爱和渴望，即成为母亲，可能是所有女性的本能。巴尔扎克曾说，母爱是女人心中最简单、自然、丰硕、永不衰竭的东西，就像是生命的一大要素。母亲不计回报，不问得失，只想把自己所拥有的一切，全部倾注到孩子身上，这幸福的结晶，早晚要开出美丽的花朵，长出丰硕的果实，只要孩子健康、快乐、幸福，对母亲来说，还有什么比这更值得期待的呢？

孩子,你慢慢来

——计划孩子出生的月份

也许自己所学的是学前教育专业的缘故,因此在大学读书时,就想象着我将来的孩子该怎样培养。

曾经幻想过很多很多的场景:我带着孩子在做游戏,在读书,在一起……结婚后,这种想象或者说幻想的次数越来越多,越来越频繁,于是就跟先生商量,大概什么时候要孩子。记得我任性地要求先生必须听我的,我们的孩子最好是三月出生,理由有四个:

1. 以后他(她)过生日的时间就跟我生日的时间靠近,最好是一天,我们可以一起过生日。

2. 倒计时。我怀孕后即进入暑假,我可以不用请假

就在家休息保胎,因为我的第一个意外怀孕的孩子夭折后,我怕第二个孩子流产。

3.我们的孩子与他(她)将来的班里的孩子相比,年龄偏中间,容易养成他(她)在集体中的自信心,因为同龄孩子中,年龄越小能力差异越大,越容易造成小年龄孩子的自信缺乏。

4.这个月份生的孩子,如果是个女孩,将来她长大了,爱上了同班的同学,也不会比男生年龄大太多。

说完我的理由,先生特别信服,毕竟我是"专业"的!

我的"用心"点：

♦♦♦♦♦♦♦

每个人的身体状况可能不太一样，因此，要从个体条件出发，把风险（意外）降到最低。这不仅是对自己负责，更是对孩子负责。不要忽略生活细节，点滴皆关乎健康和未来。做好充分的准备，带着愉悦、期待的心情，迎接新生命的到来吧。

♦♦♦♦♦♦♦

给孩子生长的"田地"
"施施肥"

从开始决定要孩子的半年里,我坚持做到了每星期制订一张营养菜谱。我始终认为,如果从长计议去实现我的目标,必须打好基础,即育"良田",播"好种",才可能有好的"收成"。

于是我根据自己所学的专业知识,坚持每个星期天的晚上将下一周的每一餐所需吃的主食、菜肴都一一列出并严格执行。记得食谱中每周的主餐里必须有三次面食,每周还必须吃两次海鲜,两次牛肉,等等。

例: 一周准孕妇食谱

早餐：每天保证一个鸡蛋、一杯牛奶、一个水果、一个点心（50 克左右）。

午餐：各自在单位解决。我自己注意调节。

晚餐：星期一、三必吃牛肉；星期二、四必吃海鲜。星期五、星期天吃饺子或馄饨；星期三吃烂糊面。

列出食谱，我严格执行，保证合理的营养。

我的"用心"点：

怀孕质量的好坏，直接影响到孩子一生的身体素质，所以，保证胎儿的营养基础、科学备孕非常关键，容不得半点马虎。一般情况下，要保证热能、优质蛋白质、脂肪、无机盐和微量元素的充足供给。此外，还要加强自控力，不能再任性挑食，因为你现在肩负着重大的责任。

营造 "播种" 孩子的氛围

　　按照生理周期的测试，我们准备要孩子的当晚，我刻意把卧室装扮了一下，还特别把灯光调成柔和的色彩；同时打开音响，轻声播放舒缓的小夜曲，让幸福的气息在空气中弥漫，让温馨陪伴我们始终。此后不久，我发现自己怀孕了。

我的"用心"点：

我必须要一个先天就健康的孩子。不管是在备孕或怀孕期间，保持轻松、愉悦的情绪，对胎儿的发育都大有裨益；相反，如果自己整日愁眉苦脸、忧虑重重，就有可能孕育一个苦瓜脸的孩子。

用心孕育　宝贝来了！

怀孕期间，我继续严格执行每周制订的营养食谱。

同时，除了按照医生的要求，加强适度运动、定期去做产前检查外，我还每天晚上轻抚我的肚子，以此与孩子进行"早期交流"，在轻抚的过程中，用心关注，体会宝贝在我肚子里的一举一动，以便及时提供给医生具体的反馈，保证胎儿健康生长。

经过260天的用心呵护、养育，来年3月，我的女儿终于顺利来到我家。由于我们全家的共同用心，女儿果然如我们所愿：健康可爱——出生时体重8斤，一个胖囡囡！

取名为：大名刘苏立，小名妮妮。

我的"用心"点：

坚持自我"检查"，定时就餐、作息规律、适度运动、保证良好的情绪，特别留意自己孕期中的生理与健康状况，为医生的指导提供有效依据。在妊娠期间，孕妇经常抚摸腹内的胎儿，可以激发胎儿运动的积极性，并可以感受到胎儿在腹内活动而发回给母亲的信号。对胎儿的抚摸，沟通了母子之间的信息，也交流了彼此的感情。

中篇

学前期的秘密

——用心养成情感习惯

宝宝自呱呱坠地之日起，便开始了学习的历程，他们用自己的方式接收信息、探索世界。转头、独坐、挥动自己的小手……这些是宝宝学习的外在行为表现。0-1岁是学习能力发展的黄金时期，宝宝生而具备学习的欲望和潜能，而全面学习能力的整体提升远比单纯智商的培养更重要。宝宝的学习能力分为"观察力""思考力""活动力"和"抵抗力"四大关键维度，宝宝主动地去看、接触世界，然后由观察产生兴趣，展开思索，并在此过程中了解、学习知识。同时，通过肢体动作，进行互动与表达。

检测妮妮的感官

妮妮能听见吗?

带着妮妮从医院回家的这一周,我常在她吃奶的时候仔细观察她,心想:"嗨,大自然真是神奇,把这么漂亮可爱的孩子就这样送到了我家。"

看妮妮外貌,一切健全,没有残缺,但不知其内在是否都好?尽管妮妮出生时,医院已经对孩子进行了检查、测评,给出了 10 分的评价分数,但我还是不踏实。我怎么能知道妮妮的内在情况呢?特别是听力、视力等。对,从测试开始。于是在妮妮吃奶或较为安静的时候,我会有意在妮妮不远的地方发出各种声响来看她的反应,但每次她的反应都不大,没有什么特别。

我更担心了,妮妮能听见吗?

一次，一个客人来家里看她，因为天气寒冷，客人随手把门关上。可能由于用力过猛或是其他原因，我家的铁皮门"吭"的一声，一下就把妮妮吓得大哭了起来。家里其他人一起过来哄妮妮，客人也不好意思地对我说："唉，我把门关重了，吓着孩子了，对不起啊！"

而我却很高兴地说："这说明我女儿耳朵是好的，听力正常。"

也许有人会问，前面不是也发出各种声音吗，为什么孩子没反应呢？答案很简单：因为心疼孩子，所以每次给出的声音都偏低，音量不够，孩子无所谓，当然就不会有什么特别的反应喽。

哈哈，一切正常，我放心了。

我的"用心"点：

━━━━◆━━━━✦━━━━◆━━━━

　　宝宝则出生时，听觉不大灵敏，对小的、弱的声音无反应，但对大的、响的声音会有眨眼、震颤、惊跳等反应。如果孩子对声音无反应或过于安静，就可能是听力有问题，需要到专科医院做进一步的检查。家长可以利用一些简单的测试方法，及时测试孩子的听觉能力，万一有问题也能及早治疗。

━━━━◆━━━━✦━━━━◆━━━━

妮妮看得见吗?

妮妮是母乳喂养,我每次喂奶,都充分用好喂奶这个时间段,尽量增加母女间的交流,我认为这样有利于她身心的健康成长。

因此,从妮妮被抱到我手上第一次喂奶时起,我就开始我以后每次喂奶必做的事:面带微笑跟她说话,用手抚摸她的头皮。我要让妮妮第一个就"认得"我,建立"印刻效应"的同时记住我,知道我是她的妈妈。

可每次我对妮妮微笑,她似乎都没什么反应。

妮妮看得见我吗?

以前老人们总说,小孩子的视线在最初的三个月里只有三尺左右,再远一点就看不见了。那妮妮是否有这起码的"三尺"视线呢?

　　我又试探了:妮妮被喂饱后,我把她放在床上平躺着,用手在她的眼前晃动。她的小眼睛常被我晃动的手引得一眨一眨的,有时眼神还会随着我的手来回移动。太好了,妮妮的视力也正常,我又放心啦!

我的"用心"点：

宝宝的视力并非一出生就定型，而是跟随发育的过程逐渐提升。妈妈需要学会一些检测宝宝视力的简易知识和方法，以防有问题可以早发现早治疗。家长还要注意保护孩子的眼睛，避免强烈的日光、闪光灯、红外式浴霸的灯光直射幼儿眼睛。补充有助眼睛健康的营养，如叶黄素，也非常重要。

训练妮妮的感知
能力和动作

如何训练孩子的感知觉

心理学知识告诉我们：刚出生的孩子，我们可以通过训练他（她）的感知觉和动作发展来培养其良好的心理。

于是，我买了一些色彩鲜艳的、能转动的且会发出声响的玩具，挂在妮妮小床的周围，让她可以经常看到，帮助她多动动眼珠子，多练练耳窝子。

有时，她会尝试着去拍打拍打玩具，练练手，动动腿，全身运动起来。即使她安静地躺在小床上，似乎对一切都无所谓，但只要我们将其床头的玩具晃动，或发出悦耳的声音，她立马能够兴奋起来，随着转动的彩球摇动着头，和着音乐手脚乱动，"手舞足蹈"。就这样，感知着，运动着，快乐着，成长着。

　　至于玩具为什么要挂在小床的四周呢？那是因为孩子小，很稚嫩，眼球尤其容易因为长时间盯着某一物体不动而导致对视或斜视，这将会对她造成一生的伤害，因此我得小心预防。

我的"用心"点：

人的感知觉包括视觉、听觉、触觉、嗅觉等方面。在婴幼儿时期进行宝宝感知觉的训练，对宝宝以后能更好更快地获取知识，丰富语言，培养敏锐、灵活、聪慧的思维能力十分重要，是新手父母养育婴幼儿必备的知识。

如何训练孩子的动作

为了培养妮妮的精细动作——手指动作的发展，在她三四个月大的时候，我就有意识地让她练习拇指和其他四指对握，常把爷爷奶奶的空药盒当作体积不一的积木让她拿玩。很快，在抓拿这些"积木"时，她就能做到拿得很稳，轻易不掉。慢慢地，她会独自坐了，我和妮妮爸爸又开始让她练习用药盒子做成的"积木"来垒砌堆高。

之所以没有拿真正的积木给她玩，是因为妮妮当时还不怎么能坐稳，有时她会倒下。如果玩真的积木，每次她不小心倒下，她的胳膊、腿、小屁股就会被积木硌疼而号啕大哭，而把药盒子"改装"，替代积木给妮妮玩，倒下时，因为药盒子本身是软的，即使磕得很重，也不会很疼。

我还在空盒子中加进了一些硬纸板，这既能增加"药盒积木"的"分量"，易于"垒砌"，也能够保证碰着也不会很疼。我们经常让妮妮有意识地进行练习，妮妮也越来越能干，"垒砌"得也越来越高。当她两岁半要进托儿所时，儿保所的测试项目之一就是"垒砌"积木。她很轻松就搭了一个七层高的"作品"，得到了该项目中别的孩子不容易得到的高分。

我的"用心"点：

　　锻炼妮妮的小肌肉群，培养孩子的精细动作。宝宝动作的发育过程，是从整体的、粗大的动作到分化的、特殊的精细动作。其中精细动作对宝宝的智力与其他方面的发展来说是不可或缺的。家长需要利用一些游戏帮助孩子达到精细动作能力训练的目的。手部精细动作的健全发展，能够促进其知觉完整性与具体思维的发展，为孩子以后吃饭、握笔写字、使用工具行为打下基础。

注意力对人影响巨大。但凡在某方面成就卓著者，注意力的高度集中必不可少。注意力后天是可以培养的。强烈、新奇、富于变化的物体最能吸引宝贝们的注意。会唱歌的卡片，会自己走路的小娃娃，可爱的小动物，会说话的书等事物都能调动孩子们的好奇心，让孩子集中注意力去观察、摆弄，从中收获一些知识。还可以让孩子开展多种游戏活动，从中培养孩子的注意力。而经常讲故事则可以开发他们的情节创造力思维，展开他们的想象力，对于孩子日后的理解力和表达能力也都有好处。

培养妮妮的有意

注意

帮妈妈"看护"鱼

妮妮一岁半了。

如何尽早培养她的有意注意是我思考的问题之一。

众所周知,幼儿是以无意注意为主的。而每个人在今后的学业、工作和生活中,单靠无意注意是不能支撑和维持的。因此,有必要在孩子小的时候,就开始尽早培养她的有意注意。

如何培养呢?

首先就是要培养孩子的任务意识,让她有完成任务的意愿。有了任务意识和完成任务的意愿,她就会有目的、有意识地集中注意去完成任务了。因此我就经常请她帮我"做事"。

一次，我将一盆洗好的鱼放在客厅的餐桌上，然后把正在房间里玩耍的妮妮叫出来，问她是否愿意帮妈妈做事，她很乐意地表示愿意。

"这里有一盆鱼在桌上，妈妈想请你帮忙看好它，小心老猫来叼走它——你知道的，老猫最喜欢吃鱼了。"

妮妮认真对我说："妈妈，我会看（kān）好的。"然后她就认真站在饭桌旁"看（kān）"鱼，我进厨房去烧菜。

由于幼儿在一岁半左右时的注意只能维持在一分多钟。很快，我发现妮妮离开饭桌去玩了。我就有意在厨房问："妮妮，老猫有没有来叼鱼啊？"我用这种方式，其实等于在提醒妮妮，你还有任务呢，怎么离开了呢？

妮妮急急忙忙跑到餐桌边，高兴地对我说："老猫没来，我看（kān）着呢！"

我赶紧对她说："谢谢你，把鱼看（kān）得这么好。"于是继续烧饭。

很快，我就从餐桌上拿走了鱼，而且大声表扬了妮妮并谢谢她。尽管这时我还没打算马上烧鱼，但也要把鱼拿走。如果反复这样玩，孩子就觉得不好玩，不想也不愿再这样"配合"你了；如果前面发现她离开而批评她"说话不算话"，那么这次教育就是无效甚至是失败的!

　　因为幼儿这时本来就是无意注意，跟她说一些道理或者负面的话，只会让她感觉到妈妈不满意，她自己也没有成就感，下次你再找她做事，她会愿意吗? 所以，检查妮妮完成任务的情况时，说话都要从正面说，千万不能说责备的话，否则就没有下次了。

我的"用心"点:

1. 孩子一旦对某一事物产生了兴趣就会集中注意力,专心致志。此时父母应鼓励孩子把兴趣拓展开来,充分利用好奇心培养孩子的注意力。

2. 可以在家里进行一些训练,例如让孩子充当"小帮手",经常让孩子帮助家长拿一些东西、做一些简单的事情,要求孩子完成自己的"任务",有意培养注意力和注意的稳定性。

3. 如果孩子的完成情况不是很理想,家长不要去训斥,而应该多鼓励孩子,让他(她)有信心继续在下一次做得更好。

"听"天气预报

妮妮两岁半了。

让她"看护鱼"那套玩意儿，对她显然不起效了，因为太简单。

如何提高任务的复杂性是这个时期培养孩子有意注意必须要考虑的问题。太简单的事，她不愿意做，不愿意做又如何培养她的有意注意呢？

我为此想出了解决方法：请她做要比以前复杂点的事情。

妮妮小的时候，电子产品的发达程度不如现在，孩子们主要的娱乐项目是看电视。那时的妮妮很喜欢看广告片，根据她的这个特点，我就请她再帮我做些事情。

　　"妮妮,明天早上我们起床的时间会很紧张,妈妈想把明天要穿的衣服今晚就准备好,这样,明天就不用起床后紧紧张张再去找衣服穿了。但是,明天穿什么样的衣服呢? 天气怎么样呢? 我们不知道。你愿意帮妈妈看天气预报吗? 这样,我就可以知道准备什么衣服了。"我请求妮妮。

　　妮妮答应我了。

　　可快到播天气预报时,我发现妮妮似乎忘了任务,我赶紧有意提醒:"妮妮,天气预报来了没有? "我的提醒在于告诉她,别忘了你的任务。之所以没有用责备的语气对她说"妮妮,你怎么搞的,答应我的事情怎么忘了呢? ",是因为孩子此时保持集中注意力的时间很短,需要我们去帮助她提高。如果用了责备的语气,孩子会不高兴,下次就不会愿意帮自己做事了,自己又怎么去进一步培养她的有意注意呢?

　　妮妮每次都会很认真地回答我:"妈妈,我正看着呢,你放心吧! "

　　一会儿,开始播南京的天气预报时,她会随着播音员的话语大声重复南京的天气,最后会追问一句:"妈妈,你听清楚了吗?"我答应后,她就高高兴兴去玩了。这个过程,不仅培养了孩子有意注意的能力,也培养了她的责任心,一举多得,我也感觉很好。

我的"用心"点：

1. 善于发现孩子的兴趣点，有意拓展并深化兴趣，但记得"趣味"大于"任务"，不要让兴趣变成束缚孩子的枷锁。

2. 给孩子分配明确的"工作"，让孩子在短时间内可以做得不错，这既能增加孩子的自信，又能训练注意力的集中。

3. 在孩子独立完成某件事情时，父母必须要有耐心，及时引导、督促，不必求全责备。

培养妮妮的想象力

妮妮的 "建筑" 喜好

妮妮很小就喜欢摆弄爷爷奶奶吃完药的药盒子,刚会抓握物体时,就用这些药盒子作为建筑材料垒砌 "宝塔" ——她把东西垒高,一律说成 "搭宝塔"。

等妮妮稍大一些,我给她买了塑料雪花片,她每天都孜孜不倦地搭着,玩着。每天,我也会饶有兴趣地去欣赏她的杰作,当然,目的是鼓励她。在她上小班后,一天回家来,她高兴地对我说:"妈妈,今天老师把我搭的房子展览在窗台上了!"他们班小朋友的 "好" 的作品都会被老师放在窗台上。

"真的? 太好了,明天妈妈要去看看!"我高兴地回应着。我要用我对她作品的欣赏兴趣去激励她今后有更多的创作。

第二天,我接她的时候和她一起欣赏了她的作品,听了她对作品的解释,看着她投入的样子,我有一个想法:以后要把她的作品都拍下来给她存着,说不定今后能培养出一个杰出的建筑家。

不久,我又去买了许多插塑片给她,她每搭好一个作品我就请妮妮爸爸为她的作品拍照,保存下来,从开始的单一作品:一座桥、一个楼房到后来的鼓楼公园、鼓楼广场这样的大场合、多建筑的作品,她越搭越有兴趣,因为形象的作品她可以经常复习看到,每次看这些照片,她都会激动地说,我还能搭出……然后立即就去拿出这些宝贝"建筑"材料,开始忙碌起来。记得在她小学毕业那年,我们带她去上海玩,在浦东参观上海城市建筑展览时,她还要求把展示的上海城不同的建筑风格模型都拍摄下来,"说不定,我会去当建筑学家的,那时,我要用到这些东西的",妮妮跟我们要求。

在妮妮玩拼搭结构游戏时,她的空间想象能力——空间结构、有意注意能力——全身心投入甚至忘我、自信

心——看得到的"成功"、创新能力——每次搭出的都与以往的不同,这些都得到了很大提高并且一直影响到她以后。在这过程中,我们家长送给妮妮的礼物也多是结构游戏材料:插塑片、雪花片、积木、木质小工具(小起子、小锤子等),从物质上极大满足了妮妮的喜好。

我的"用心"点:

1. 家长要循循善诱,使孩子的爱好相对稳定、步步深入,通过兴趣的培养实现孩子能力与素养的提高。

2. 提供给孩子可发挥创造性思维的环境,不要包办一切,应珍惜孩子的好奇心,引导孩子去进一步探索。

3. 对孩子的"作品"要及时做出积极评价,增加孩子的自信心,增强亲子间的沟通。

给妮妮讲故事

妮妮一岁半时,说话就很连贯了,而且很喜欢听故事。

因为妮妮还小,许多行为习惯都在养成的过程中,所以她时常会有许多"不良表现",譬如:不想吃饭只想玩啦,睡觉要爸爸妈妈抱着才肯睡呀,开始"挑剔"穿的衣服啊,等等。跟她讲许多道理很多时候行不通,怎么办?我们就充分利用故事这个"手段",改掉她的坏毛病。我自编了许多故事,把她在生活中的"不良表现"都以故事的形式道出:不改正其表现的话,最后结果会很"惨",以此来帮助她改变一些行为。

这样做的"教育"效果很明显,我也津津乐道。譬

如,我曾经因为她不肯吃饭而编的故事:

有个小姑娘叫豆豆,她长得很漂亮,也很能干,爸爸妈妈都很喜欢她。

但是豆豆不爱吃饭,一到吃饭的时候,她就会对妈妈说,"我肚子很饱,不想吃饭"。妈妈怎么哄她,她就是不吃,要不就吃一点点。后来,她越来越瘦,漂亮的衣服穿在她身上,都耷拉下来,她自己也觉得越来越没有力气,有时,她想拿起一块积木,可是手都抬不起来。

她很着急,对妈妈说:"妈妈妈妈,你还是带我去看医生吧!"

妈妈带着豆豆来到医院。

在医院里,医生为豆豆做了全面的检查,然后对豆豆说:"你没有病,但因为你不爱吃饭,不认真吃饭,所以你没有营养,身体越来越瘦,再这样下去,你会死掉的,那样,你就再也见不到你的爸爸妈妈了。所以,从现在开始,你要听爸爸妈妈的话,按时认真吃饭,你才会越来越有力气,才能学更多的本领,你能做到吗?"

豆豆认真地点了点头。

　　回家以后，每到吃饭的时候，只要爸爸妈妈一喊吃饭，豆豆总是飞快地跑过去，认真坐在桌子旁，认真吃饭，再也不要爸爸妈妈提醒了。豆豆又变得漂亮了，还能帮爸爸妈妈做事了，爸爸妈妈也更喜欢豆豆了。

　　我通过这个故事中角色的遭遇，让妮妮明白道理。因为妮妮还处在具体形象性思维时期，此时，她是不易理解抽象的道理，跟她"讲"道理，显然无效。而通过故事内容，让她想象性地理解，效果就明显多了。

我的"用心"点：

孩子到了1岁半左右,总是喜欢和爸妈对着干,孩子的唱反调行为表明他们开始产生自主意识,建立自己的好恶观念,表达个人的需求。但他们不懂得表达自己,因此他们的拒绝行为简单而直接,并不是真的有意违抗、折磨爸妈。所以父母应转换教育思维,不跟孩子硬碰硬,不要轻易动气,采取疏导、绕道的方式来缓解激烈的对抗,将这种情况用一种更加形象的"别人的故事"呈现出来,进行"说理",比较容易达到教育的目的。

妮妮讲故事

妮妮两岁多了,我又把讲故事作为培养妮妮有意想象的途径之一。

吃过晚饭后,我会和妮妮一起坐下来,由我先讲故事的前半部分,交代了故事的角色和故事情节发展的线索,让妮妮来续编故事最后的结果。譬如:

兔妈妈和兔宝宝一大早起床,带着礼物高高兴兴出门了,她们要去外婆家,因为今天是外婆的生日。

外婆家住得很远,路上要经过一条小河,还要绕过一座小山,兔妈妈和兔宝宝一路上唱着歌,采着花,走着走着,兔宝宝不见了。兔妈妈很着急,猜想:"兔宝宝一定是走得快,先到外婆家了,因为她认识去往外婆家的路。"

可是当兔妈妈到外婆家时,发现兔宝宝并没有到,她去哪里了呢?兔妈妈正在着急的时候,一回头看到兔宝宝进了门。妈妈冲过去一把抱住兔宝宝,着急地问:"你刚才到哪儿去了,怎么现在才到呢?"

说到这里,我请妮妮猜猜看,兔宝宝去了哪里?她为什么到现在才到呢?妮妮续编的故事:

兔宝宝走到小河边,看到一只小青蛙,于是她就和小青蛙一起玩了。玩着玩着,突然想起来今天要去外婆家,可是回头已经看不到妈妈了,她很害怕,就赶快和小青蛙道别,急急忙忙地赶到了外婆家,看到了妈妈,一下就扑进了妈妈的怀里。

大家又在一起了,高高兴兴地为外婆过生日。

妮妮续编的故事,就是有意识想象的结果。经常进行类似的续编,有力地提高了妮妮有意想象的能力,也为她日后喜欢写作奠定了坚实的基础。

我的"用心"点：

用启发引导的方式，和孩子一起编故事，在孩子年龄较小或语言能力较弱，还没有能力掌控复杂故事情节的时候，以妈妈编讲故事为主。妈妈设置故事的大致情境，接着循循善诱，让孩子继续按照自己的想象讲后面的故事。如果孩子有奇思妙想，应及时给予鼓励，同时尽可能尊重他的设想。长此以往，想象能力的腾飞就不再是一件困难的事了。

欣赏妮妮的画画

妮妮在"抓周"时第一个就抓了笔。

怎样让妮妮喜欢笔、用好笔又是我要用心想的：为她提供纸张，让她信手"画"来，既可培养她画画的兴趣，又能培养她的想象力。

从纸上的几条竖线，到一团团乱线，再到变换复杂的线条，她都能在画完以后，认真请我欣赏并帮我解读。而每次，我也都是认真用心地听她讲：那一根根竖线条是春天地上长出的小草；那一团团乱线，是妈妈打毛衣用的毛线……

一次，妮妮画了一张很"复杂"的画，兴冲冲地跑来对我说："妈妈，我又画了一幅画，好看吗？"

　　我知道，孩子画画的初衷是为了讨得妈妈的表扬，可是眼前这幅画，我无从表扬，因为实在不知道画的是什么！

　　为了鼓励她，我就问她："妮妮，你能跟妈妈说说，你画出来的是什么吗？"

　　妮妮很认真地点点头，开始介绍她的画："我画的是熊猫宝宝的一家。这个是熊猫爸爸，那个是熊猫妈妈，这个坐在椅子上的是熊猫宝宝。熊猫妈妈正在做饭，熊猫爸爸和熊猫宝宝在做游戏。这边的房子上有烟囱，妈妈做饭时的烟都从这上面冒出去了……"

　　通过妮妮的解读，我对她的画了解了，而在画画与解读的过程中，她也充分发挥了自己的想象。

　　幼儿的想象力在他的美术活动中是最丰富和活跃的。生活中我们常常能够发现，如果孩子跟你一起讲故事，没几句话可能就结束了，而如果让孩子先画下来再讲，他就能讲更多的情节，内容就要丰富许多。因为幼儿期孩子的思维特点主要是具体形象性思维，抽象的情节发展需要抽象的逻辑思维支撑，幼儿期孩子没有具备，无

法进行。所以,发展幼儿时期孩子的想象能力,认真欣赏

孩子的画作,尤其是投入地聆听孩子介绍他的画作,无疑

是一个很好的并且有效的方法。

我的"用心"点：

家庭生活中的人和事是宝宝熟悉的，比如爸爸妈妈的相貌特征、有趣的家庭生活片段等，孩子通过画画表达出自己对于这些生活的理解和认知。引导孩子把他的理解讲出来，孩子能很自信地和你分享自编的故事内容，这将进一步激发他的想象力，同时孩子的语言能力会有极大的提升。

和妮妮做游戏

每个孩子都愿意和父母一起做游戏。

独生子女没有玩伴，因而更愿意和父母一起做游戏。利用独生子女的这个特点，对于培养孩子的想象力又是一个极好的方式。

记得妮妮三岁时和我一起做的一个娃娃家的游戏：她是妈妈，我是宝宝。开始时她就沉浸在她的游戏角色中，忙着烧饭。

我对她说："多烧点好吃的，我等会儿要来吃的，我先去忙了。"

其实我在侧面偷看她：先把一个玩具鱼拿出来放在案板上刮鱼鳞，然后很认真地放进锅里煮，又拿起玩具茄子等蔬菜清洗、"切断"、进锅……一套程序很有我的范儿。

一会儿就听她喊了："宝宝,吃晚饭了。"

我按孩子的日常习惯洗手吃饭,我只吃荤菜,不碰素菜,她就一直扮演着我的角色,照顾着"宝宝"吃饭,告诉我,多吃素菜有营养,还告诉我,吃饭要专心、不能玩,等等。这过程中,妮妮在扮演角色中体验着我的辛苦,想象性地理解了以往我们对她的教育,也强化了许多我们对她的要求。

还有一次,妮妮提出要和爸爸一起玩打枪的游戏,她要求做好人,让爸爸扮演坏人。父女俩在房间里热热闹闹地玩着,突然听到妮妮喊,"你怎么不倒下,我已经向你开枪了,你应该死掉了,死掉了就应该躺下,你怎么不躺下?"

她爸爸假装倒下后很快又站起说:"我受了轻伤,没死,看你怎么办?"

妮妮赶忙冲过去对着他说:"我再开枪,这次你一定要死了,不能再站起来了……"

游戏的情节在妮妮爸爸的不配合下,变得复杂起来,也丰富了妮妮开展游戏活动的想象力,更增进了父女的感情交流,强化了亲情,为爸爸以后对她的教育奠定了感情基础。

我的"用心"点:

在游戏中,孩子会表达出自己的想法和感觉,体现出责任和担当,体会到扮演不同角色所带来的兴奋。孩子在游戏中积累的情绪体验和社会经验尤为重要,孩子可以学着和自己、和他人好好相处,学会遵守规则,应对突发情况。种种细节都有助于提升孩子的情商。反过来,孩子游戏中获得的经验又会进一步丰富亲子游戏的内容。

孩子慢慢长大,上了幼儿园,从单一的家庭生活过渡到集体生活,环境的转变给孩子带来了很大的变化,幼儿园的集体生活对孩子的成长也会产生一定的影响。父母应该知道的是,幼儿园的教育只是暂时性的,家庭教育才是终身的。随着年龄的增长,孩子在各方面的能力均有所提高,尤其在逻辑思维方面。父母也必须用教育理论知识武装自己,提高自己的教育水平,抓住孩子成长期的特点,因类施教,以充分发挥家庭教育的功效。

培养妮妮的思维力

妮妮做数学题

妮妮上小班了。

因为妮妮爸爸是学理科的,所以他总是希望从小就对妮妮进行数学的训练。为此,他多次提议妮妮睡觉前可以做数学题,不要总是由妈妈来安排听故事。

这不,一天晚上,妮妮已经躺下准备睡了,爸爸对她说:"妮妮,爸爸想给你做一道数学题,考考你能干不能干。"紧接着,就出了一道题: 3+2=?

妮妮钻在被窝里磨叽了好长时间才轻轻地对爸爸说:"等于5。"爸爸很高兴:"嗯,我女儿太能干了! 妈妈说你才3岁多,只能进行4以内的数数。我不信,故意出这个题目,就是要看看我女儿到底能不能做出这道题。事实证明,妈妈说得不准,妮妮不是能做超出4的数学题嘛!"

我在旁边想,3岁孩子的思维正处在由3岁前的直觉行动性思维过渡到具体形象性思维的过程中,她目前应该还"残留"着3岁前孩子的思维特点,因此,我相信妮妮这道题应该是扳着手指头算出来的。于是我问:"妮妮,你能告诉妈妈,你是怎么算出来的吗?"妮妮对我说:"妈妈,我困了,不想说了。"我赶紧说:"等等,爸爸给你做了一道题,那么妈妈也要给你做一道题,这样才公平。"于是我出了题:7+5=?

我猜想,刚才妮妮是扳手指头数出来的,现在,我让你手指头不够数,需要脚指头来帮忙才行,从而验证妮妮的思维到底处在什么阶段。妮妮听了我出的题,在被窝里磨叽的时间更长了,终于,她把小手伸出被窝挥舞着说:"等于12。"她爸爸更高兴了,忍不住抱住妮妮亲了亲:"妮妮,你太能干了,还能算出等于12!"

我很想马上知道,妮妮究竟是怎么算出来的,可当我问她时,她却不高兴了,"你的题目我也做了,爸爸的题目我也做了,现在,我困了,我要睡了。"

"难道就不去搞清楚妮妮是如何得出结论的?一定要弄清楚!"我想。

第二天早上送妮妮去幼儿园,路上,我故意一直在叹气,说昨晚没睡好。妮妮问:"妈妈,你生病了?"我回答:"没有,妈妈昨天晚上一直在想,是不是妈妈有什么地方做得不对,妮妮对妈妈有意见,所以,昨天我问你怎么算出来的,你说不想告诉我。"

妮妮听了,赶紧说:"妈妈,我对你没意见。"

我趁机问:"那爸爸给你做的那道题,你是怎么算出来的?"

妮妮说:"我是扳着手指头数了好几遍才算出来的。"

"我猜也是这样,谁让你妈妈是心理学老师呢?"我故意在孩子面前竖起威信,为她日后服从我的教导打下权威基础——要让孩子成为我的粉丝!

"那妈妈给你的那道题,应该是扳了手指头又加上脚指头才算出来的喽?"我赶紧问道。妮妮连连摆手说没有!

"那你是怎么算出来的题目呢?"我问。

妮妮答:"我开始数手指头,数了好几遍,都不够数的,很着急。突然,我想到,一只手不是有 5 个手指头吗?对,我就从 7 开始往上数,扳着手指头数,数到了 12。我用这个办法数了好几遍,都是 12,我就告诉你们了。"

我适时夸赞:"你太能干了,妈妈也要亲亲你!"

在孩子幼小的时候,要想培养孩子的思维,首先要了解孩子的思维过程,只有了解了思维的过程,你才能真正知道孩子的思维发展处在什么水平,才能有的放矢地去引导孩子、培养孩子。从这个意义上来说,关注孩子的思维过程比关注孩子思维的结果更重要,因为只有知道孩子的经验是如何建构的,你才能知道孩子真正的"水平"是什么。因此,在日常生活中,成人不仅要关心孩子的学习,更要关心孩子是如何获得学习结果的整个过程!简单说,过程比结果重要!

我的"用心"点:

三四岁孩子的思维逐渐由动作思维过渡到形象思维,这时孩子的思维可以依靠头脑中的表象和具体事物的联想展开,运用已经知道的、见过的、听过的知识来思考问题。例如用指头数数,如果家长注意引导就可逐步过渡到用眼睛"默数"的程度。这其实就是一种从动作思维到形象思维的简单转化,这个时期非常重要,需要家长给予更多关注和引导。

培养妮妮的观察力

妮妮观察柚子

为了帮助妮妮学会观察的顺序,我特意买了一个柚子回家。

看到新玩意儿,妮妮很高兴地跑过来接走了我手中的柚子,好奇地问:"妈妈,这是什么啊?"虽然以前妮妮也吃过柚子,但很多时候都是已经分割好了的,所以没有看过完整的柚子。

"这不就是我们吃过的柚子嘛!"我回答着,"妮妮,你来看看,柚子长得什么样?"

我接着边指着柚子边说:"你可以先看看柚子上面的顶端长的什么,再看看下面长的什么。"这样问,是想让孩子学习观察的顺序可以先上后下。妮妮准确地回答了我的问话。

"这柚子是什么颜色的？我们再来摸摸柚子的皮，有什么感觉？""我们再把柚子皮去掉，看看里面长什么样？"这样问，是想让孩子学习观察还可以先外面后里面。妮妮又配合着回答了。

"好，现在，妈妈想请妮妮来说说柚子是什么样的呢？先从上面开始说起……"

妮妮回答："上面有一个小把把，下面长了一个像肚脐眼一样的东西；外面看起来是黄颜色的，摸上去，这个皮是不平的。"

用这样的方法经常锻炼孩子，帮助孩子养成观察的良好习惯，从而能保证观察的精确性。

我的"用心"点：

孩子天生就有好奇心，因此可以利用孩子感兴趣的对象来诱导观察学习。首先从比较简单的观察法入手，让孩子学会有顺序地观察，从上到下、从左到右、从前到后、从外到内。最后，在观察结束之后帮助孩子进行概括和总结，让孩子在获得感性经验的同时也掌握一些理性的知识，这样的观察才是有意义的观察。

这朵菊花的顶端
长得像什么？

妮妮上小班的时候，我和她爸爸一起带她去玄武湖公园看菊展。公园里各式菊花竞相开放，五彩斑斓，游人如织，人们纷纷在美丽的鲜花旁留下自己的倩影。

我们漫步在花丛中，我让妮妮认真观察各种菊花。在一盆白色的菊花面前，我们停了下来，我让妮妮仔细观察这盆菊花。我对妮妮说："妮妮，请你仔细看看这盆菊花，看看花是什么颜色的？这花瓣长得像什么？"

很快，妮妮回答我："这花是白颜色的。这花瓣长长的，像个……像个……"

"像个什么呢？你再仔细看看这个长长的花瓣的顶

端,然后告诉我,它到底像什么呢?"

"哦,我知道了,这个花瓣像我吃饭时用的小勺子。"

"嗯,能干,妈妈看着也像小勺子。"我不失时机地夸赞妮妮。

观察是人类在认识活动中一个重要的能力。生活中,我们可以利用许多机会来培养孩子良好的观察能力,主要从培养观察的品质入手,包括观察的目的性、细致性、顺序性、精确性。对于小班的孩子而言,我们让她观察东西,一定要让她明白观察什么,问题也要问得非常具体,如菊花的顶端长得像什么之类的问题,让她带着问题去看,观察效果就比较好。到中大班,可以将一组观察任务交给她,增加难度,同样可以取得比较好的效果。因此,对幼儿观察力的培养来说,明确观察的目的是最重要的。

我的"用心"点：

　　小班儿童的思维由直觉行动思维向具体形象思维发展，在此期间，家长运用具体形象的"教具"，例如孩子比较熟悉或常见的自然事物、生活用品等，对儿童提出具体的要求，鼓励孩子勤思考，并且表述出自己的思考结果。这样孩子能够比较积极主动地去进行各种思维活动，获得良好的心理体验，不断提高基础思维能力和语言表述能力。

个性即个别性、个人性，是指一个人在思想、性格、品质、意志、情感、态度等方面不同于其他人的特质，这个特质表现于外就是他的言语方式、行为方式和情感方式等，任何人都是有个性的，个性化是人的存在方式。

　　学前儿童个性的初步形成是从幼儿期开始的，幼儿期个性的初步形成，主要表现在显示出较明显的气质特点，表现出一定的兴趣爱好差异、能力差异和最初的性格特点。家长需要从多角度全方位培养孩子的个性，拓展孩子的兴趣点，帮助养成积极乐观、稳定的情绪体验，培养孩子坚持、自律的品质，良好的性格，为孩子将来形成健全的人格、健康的心理打下坚实的基础。

预防妮妮任性

妈妈，我想要……

从来都是父母对子女提这样或那样的要求，而如今，三岁的妮妮也会向我们提要求了。

"妈妈，我们班（时值她刚上托班）的 ×× 有红皮鞋，你也给我买一双吧！""妈妈，老师说要关心集体，明天我要带一个自己做的灯笼去，你帮助我好吗？""爸爸，我们班的 ×××，他爸爸带他去国防园玩的，你也带我去玩玩吧！"

……

面对妮妮几乎每天都有的要求，我始终保持冷静的头脑，不因要求的难易或繁简而随便为之。我认真分析，将她的要求分为两种：

一种是合理要求,我们就会及时地、适度地给予满足,比如为班集体做灯笼,我先和妮妮一起收集旧纸盒,买来需要的装饰物,还一起动手扎灯笼。在整个过程中,我们一边做事,一边聊天,我告诉妮妮,为了做这个灯笼,妈妈花了很多时间,还花了钱,费了精力,以此让妮妮体验到妈妈爱她的情感。此时,妮妮会情不自禁地用亲吻来表示她对妈妈的爱的回报。但如果过度要求,我们则坚决不予满足。

一次,她从幼儿园舞蹈班活动结束,走出幼儿园的大门,妮妮就对我说:"妈妈,那里有卖冰棒的,我口渴了,你给我买个冰棒,好吗?"我很快满足了妮妮的要求。但是,没走几步冰棒就吃完了。妮妮同时发现前方还有一家卖冷饮的商店,于是又对我说:"妈妈,我还热,再给我买个冰棒吧!"我立刻态度坚决地予以拒绝。态度坚决,是为了不让她看到任何希望,这样她就不会再继续纠缠下去了。

我始终认为,即使是合理的要求,一旦过度,也就变成了不合理的要求。

另一种要求纯粹是不合理的要求,每次我都态度明确,坚决不予理睬。

比如,有次带妮妮去商店买鞋,家里明明才买过新玩具,她却在玩具柜前要这要那,对于她这种要求,我明确告诉她不行。接着我对她说:"妈妈带你来买鞋,只带了买鞋的钱,没带买玩具的钱,况且你才买过玩具。你如果实在要买玩具,那我们马上去把鞋子退掉,好吗?"如此一说,她就不再坚持了。等回到家,再慢慢跟她说道理,绝不在现场随意训斥她,以防她犯浑,耍起脾气来,让我们自己收不了场,下不了台。

妮妮越来越大了。她到大班时期,我便有意在妮妮提出要求后,延缓满足的时间,以培养她学会等待和自控的能力。

比如,她请我讲故事,我说:"你看妈妈在干吗?"

"看书。"

"对,妈妈正忙着,能不能给你讲故事呢?"

"不能。"

"那怎么办呢?"

"等一会儿吧！"

"好，等妈妈空下来再给你讲故事。"

我这样做，其意义在于：知道请人帮忙要尊重别人自己的安排，并学会等待。有时，妮妮早上对我说想吃肉包子，我则答应她晚上下班回来给她带，让她学会控制自己的要求。许多次这样回应妮妮的要求，后来，她在提要求的同时，会自己补充说："好吧，等妈妈下班后去买，不着急。"

就这样，面对妮妮越来越多的要求，我以清醒、冷静的态度认真对待，并且时时认真把握她的每个"第一次"要求，不因要求的简单容易或为了摆脱纠缠而随便满足其要求，这样，可以避免由此而带来孩子"得寸进尺"的后遗症，也能保证始终不被孩子牵着鼻子走。

我的"用心"点：

1. 对孩子超越行为界限的事，决不能迁就；否则，只会娇惯孩子，助长孩子的任性毛病，以后难以改正。

2. 父母要注意教育方法，要有耐心。跟孩子讲道理要简洁明了，在保持孩子自尊心的前提下，让孩子明白自己错在哪里，今后该怎么做。

3. 培养孩子审视自己的习惯，多问问自己的要求是否给他人带来了不便或麻烦。

帮助妮妮"去中心化"

如何培养孩子的自信心？

妮妮上中班的时候,恰逢爷爷要过 70 岁生日。为此全家商量该如何庆贺。一天晚饭后,全家五口人围坐在一起商量这件事。

才提此事,妮妮抢着"发言":"可以到肯德基去给爷爷过生日,我们幼儿园的小朋友都是在肯德基店里过生日的!"

一旁的爷爷马上面露难色:"我可不想去那过生日,我一闻那店里的味道就会难受,我才不去呢!"

听了爷爷的表态,妮妮顿时愣住了,那怎么办啊?于是,我马上跟妮妮说:"大家可以继续想办法,但是,不管哪种方法,都必须是爷爷他自己愿意才行。如果你想了一个你自认为很好的办法,但只要当事人不愿意就行不通!"

我说这番话的目的本意是让妮妮能学会从他人的角度去思考问题,也就是所谓的"去中心化",因为幼小的孩子常常是以自己为中心考虑问题的。不料,妮妮听了后很高兴地说:"妈妈,我知道了!"在随后商量的过程中,妮妮继续积极"发言",做寿的方案终于敲定了。

第二天我去幼儿园接孩子,班上老师说,"你家爷爷要过 70 岁生日啦?"我好奇老师怎么知道的,她笑笑说:"今天你女儿告诉我的呀!"还把孩子今天在幼儿园里如何告诉她这事的过程认真描述了一下,特别提到"你女儿很自豪地说,这个办法是我和爸爸妈妈爷爷奶奶一起商量的结果"。老师在描述孩子讲述这件事过程的时候,我仿佛看到了妮妮满脸自信的模样。

以后,孩子的自信伴随着她一路的学习、生活、工作。当然,在上小学后,我发现她有自信过头的情况,又及时提醒了她。

我的"用心"点:

　　幼儿园孩子的思维发展处于一个特殊的阶段,认知能力和心理结构都处于发展期,同时思维处于自我中心化时期,具有特殊的发展特征。这个时期,家长要养成正确的家庭教育方式,营造良好的家庭氛围,积极引导儿童思维的发展,有效促进儿童"去自我中心化",避免孩子一味站在自己的角度考虑问题,过度自信,乃至骄傲自满。

培养妮妮广博的兴趣

我们去郊游

　　妮妮上小班开始,为让孩子有更多机会接触自然和社会,培养孩子广泛的兴趣,我和她爸爸约定,再忙每年至少也要带孩子出去旅游一次,因为我信奉——读万卷书行万里路,有助于一个生命的健康成长。

　　但每年除了暑期一次路途较远的旅游外,孩子似乎更加钟情春秋各一次的郊游。因为每次郊游,我们都会邀上两家有和妮妮年龄相仿的孩子的家庭。出游前几天的准备工作大家也是协商分配好任务,爸爸们负责去买铁丝、纱布回来,妈妈们带着孩子集中在某一家共同做捞蝌蚪的"渔网"、用空雪碧瓶做提水桶等,让孩子体验分工合作的过程和感受合作的快乐。到双休日,三家人一起出发去往近郊——有草地有水沟就行（常去古林公园），上午用"渔网"捞蝌蚪、小虾，下午用晒干了的"渔网"扑逮小粉蝶。过程中孩子们尽情嬉戏，观察自然界的"万物"，认识了诸多的植物名称，有的孩子还就此喜欢上了生物学。就此，三家孩子的家长一致认为，郊游值得！

我的"用心"点：

1. 培养孩子广博的兴趣，丰富业余生活。

2. 培养孩子的合作性、动手能力，让孩子有群体意识。

3. 体验合作的快乐，让孩子与同龄人多接触，学会与同伴交流、分享。

4. 培养孩子热爱大自然的情感，让孩子多接触自然风光、多领略自然之美，有助于开阔他们的视野、积累生活经验。通过对山川河流、花鸟虫兽的观察，孩子们常常会联想到许多其他事物，从而大大激发他们的想象力。

帮助妮妮养成

稳定的情绪

交　流

　　稳定的情绪情感是一个人学习、生活和工作的重要保障,和孩子多交流是保证孩子情绪稳定的有效方法。

　　平时,我们和妮妮说话多是柔和、慈爱的语气,因为我觉得这样可以让妮妮感到安定。但当她遇到困难、不顺时,我们则以鼓励、坚定的语气与她说话,以此增强其自信心和表达的勇气。

　　妮妮中班开始学钢琴,好几次,因为弹不好某段曲子而急躁发脾气。这时,我总会让妮妮先停下来,到旁边去休息一会儿。在她休息的时候,我会以鼓励、坚定的口气对她说:"妈妈知道你已经很努力了,没弹好不要紧的,我们可以休息一会儿再来试试看,妈妈相信你一定能弹好的。我们一次不行，可以两次，两次不行，我们可以来三次，不怕、不急，一定能行的。"在妮妮情绪基本稳定后，我鼓励她再来试试，常常再试一次也就可以做到了。长此以往，每当她某件事情做不好的时候，她自己会主动停下手来，让自己休息一会儿再重新开始。

我的"用心"点：

1. 用轻柔的语气、鼓励的话语来稳定孩子的情绪，注意发现孩子的优点，以欣赏的态度赞美孩子。

2. 帮助孩子学会表达和调控情绪，养成孩子遇事不轻易急躁的习惯。

3. 让孩子明白，稳定的情绪是成事的重要条件。

宽　容

　　和所有的孩子一样，妮妮小时候也特别爱玩。有时在家和小朋友玩时，一高兴就忘乎所以，大声喊叫；或者玩泥玩沙玩水，一玩便忘了要注意房间的整洁。但常常这个时候，大人可能正在看书或者工作。在这种情况下，我和她爸爸都会大声斥责她，批评她不顾他人的感受或弄脏了房间。批评完了就了事了，这样的情况依然常发生。

　　有一天下午，她和小伙伴玩得非常投入，一边从这个房间冲到那个房间，一边还大声叫喊，全然没有注意到在一旁工作的爸爸。被吵到了的妮妮爸爸很恼火地大声喝住了她，随即又狠狠批评了她。我在一旁看到妮妮瞬间像泄了气的皮球，情绪一落千丈，直到晚上还是蔫吧蔫吧的。我觉得这是个问题，一是批评这么多次不奏效；二是她光顾玩而没有注意到别人在干什么，"自我中心"依然严重。

于是在和她又一次玩的时候，我跟她说："知道爸爸妈妈为什么在前几次你玩得好好的时候批评你吗？因为你玩时大声地叫喊影响到了别人。妈妈建议你以后在开始玩之前，要选择合适的地方，特别注意不能吵到别人！"自然，妮妮在以后玩时，依然会有忘乎所以的时候，但事后我们都坚持找她"谈话"，指出不足。我把这种事后的"谈话"称作"秋后算账"，我要不断给孩子强化：你玩的时候大人不满意你的行为的原因是什么，而不是在当时把孩子骂一顿就完事，很多孩子在这时候常常不知道爸爸妈妈为什么要骂自己，还以为是大人想发火就可以发火的，自己认倒霉。因而，我们要能做到：既宽容孩子的过错又不姑息孩子的过错，在"事后"要严肃指出孩子的不足，让孩子明白自己到底是哪里做得不合适，"死也要死个明白"！这种做法同样利于孩子良好情绪情感的养成。

我的"用心"点：

1. 尊重孩子的天性，但绝不能忽视孩子因为天性贪玩而给他人带来的困扰。

2. 批评孩子时，让孩子知道自己的错误究竟在哪里。

3. 循循善诱，帮助孩子养成良好的习惯，让孩子学会考虑自己的言行举止是否会给别人带来麻烦。

培养妮妮的意志
品质

妮妮洗袜子

　　一个人在遇到困难或需要改正缺点时需要有坚强的意志品质，今后的人生路上，人人都需要良好的意志品质，从小培养意志品质很重要。可妮妮这么小，如何培养她的意志品质呢？

　　有一天，我在洗衣服，妮妮在一旁认真地看着，随后她很自信地告诉我："妈妈我也会洗。"我就让她自己试着洗了她的小袜子。过几天，我洗衣服时，她又提出要自己洗自己的袜子。但后来，她就不再提自己洗袜子了。我知道，前几次洗，是因为她把洗袜子当作玩，也就是幼儿很容易把劳动和游戏混在一起，新鲜劲过去了，自然就不愿洗了，我觉得这正是可以培养妮妮意志品质的好机会。于是我对妮妮提出了要求：爸爸妈妈要上班，妮妮要学会帮助爸爸妈妈分担家务活（劳动），你已经会洗袜子了，所以，以后你自己的袜子换下来后要自己把它洗掉，爸爸妈妈不再替你洗袜子了。妮妮答应了，也坚持了下来。这中间，她难免洗不干净，我们都是在她不注意时，帮她加加工，当然，"功劳"都是记在她的名下的。

我认为：坚持就是意志的体现！孩子小的时候，很多非困难的事情，特别是天天要做的事情，如果都坚持去做了，将来，在他（她）遇到重大问题须处理时定能靠意志品质去处理好！

我的"用心"点：

一些优良品质的培养并不是那么复杂和困难的，只要在一些小事上多花些心思，进而对孩子进行简单而又明确的指导，让孩子自己去动手，也许效果要比一千次的叮咛强得多。当然家长要对孩子具有足够的包容心，多鼓励孩子，让孩子看到自己的潜力，对自己充满信心。

去兵营参观

一次,我所带的班级学生抱怨,都是大学生了,还要被老师管来管去的,不自在。于是我联系了解放军政治学院,请求参观他们一个师级干部培训班的操练,我的原意是教育学生们:师级干部都能做到服从指挥听命令,你一个大学生还有什么好说的? 同时也想把妮妮带去一同接受教育。

那是五月初的一个下午,天气很热。我们看到学员们站在太阳底下,穿戴整齐全副武装地认真操练:人人都被太阳晒得脸通红,汗直淌,浑身衣服湿透,但他们仍然精神抖擞,口号铿锵有力。我和学生们一起站在树荫下看着,忽然,妮妮仰头对我说:"妈妈,我站在树荫下都热得快受不了了,他们在太阳底下还能坚持,真了不起!"当时我就很激动,看来,带妮妮来的教育效果体现出来了:我要让孩子懂得人的意志品质的重要,要让她能真真切切地去体验去感受,从而真正理解什么是意志品质的体现。这次参观后,我更加坚信在妮妮今后的生命历程中,若遇到相似的情况或遇到困难,她定会像眼前这些军人一样体现出不一样的意志品质来,进而战胜困难!

我的"用心"点：

孩子的成长不仅是身体成长的过程，更是心智、品格的不断完善。家长要善于利用身边的小事有计划地培养、锻炼孩子的意志品质，让孩子从具体的行动中磨炼自己的意志，形成良好的品格，从他人的言行中得到启发，激励自己。良好的意志品质是孩子今后做成事的重要保证，也离不开家长的悉心教导。

培养妮妮良好的
性格

爱 集 体

——"老师夸我是热爱集体的好宝宝"

良好的性格体现在对待他人的性格上，如：爱集体、正直、有同情心；对待劳动时体现出的性格，如：勤劳、踏实、节俭、首创精神；对自己的性格，如责任心。

妮妮上幼儿园小班了，正式过起了集体生活。每天她从幼儿园回来，都会很高兴地告诉我，今天又认识了几个小朋友，随后就会说出他们的名字，我为孩子能很快融入新的集体而高兴。

同时，我也进一步思考着：如何让孩子能够爱上这个新集体，并且能在新的集体中健康快乐地成长。但这有点难,因为"集体"这两个字,对这么小的孩子来说是极不容易理解的,因为它太抽象了。正在我思考怎么办的时候,一天傍晚,我去幼儿园接妮妮,回家的路上,她认真地对我说:"妈妈,老师要我们明天上幼儿园的时候,每个人要带两个空的椰奶罐子。"我问为什么呀?她回答:"老师说的,要用空的椰奶罐子做沙球,上课要用的。"当我完全听明白妮妮说的事以后,暗自窃喜,意识到机会来了!

我严肃地跟妮妮说:"可以带,但是我们家没有现成的空罐子,怎么办呢?"她看看我,很快对我说:"妈妈,简单,我们可以去超市买两罐,你喝一罐我喝一罐,喝完了不就有了吗?"

听完妮妮的回答,"这倒是蛮好的办法。但是,妮妮,你有没有想过,要是你们班上有的小朋友的爸爸妈妈因为出差,不在家,明天不能带空罐子去怎么办?你们班的沙球还是不能一下子都做全啊!"

妮妮眨巴眨巴小眼睛,想了一会儿说:"那我们可以到邻居家去要要看,不就可以了吗?"

　　"好!但我们说好了,因为这是你的事情,所以去要的时候,你敲门跟别人说,我跟在你后面替你拎袋子。"

　　"好!"妮妮愉快地答应了。

　　第二天妮妮带了十二个空的椰奶罐子去幼儿园。傍晚,我去接妮妮,见到我,她飞快地扑向我,高兴地大声说:"妈妈,今天老师在全班小朋友面前表扬我,说我是一个热爱集体的好宝宝!"

我的"用心"点：

1. 让孩子为集体中的其他人主动做些事情，能够促使孩子明白并感受到自己的责任主体地位，爸爸妈妈则要退居其后，起协助的作用，让孩子当领头羊。

2. 通过帮助班上的同学体验了"爱集体"的真实情感，孩子更加适应了集体生活。

3. 有意义的行动大于灌输的概念，创造机会让孩子去亲身实践具体事件，收到的效果远远好于苍白无力的说教。

养成勤劳习惯

——帮妈妈擦地板

从小到大,我自己一直是个爱干净的人,比较注重整洁。因此,虽然有了妮妮以后我更忙了,但依然会抓紧一切时间打扫整理。然而,随着妮妮的长大,我发现我"忙活"的节奏越来越跟不上妮妮"弄脏"的速度。我知道,这是因为孩子没有劳动的实践,所以无法体验家长劳动的辛苦。于是,我决定要给孩子布置家务劳动的任务,以此让她有机会去劳动,去实践,去体验。

一天下午,我又要擦地了,于是把妮妮叫过来,指定门厅的一块地面让她负责去擦,她答应了,并学着我的样子认真擦了起来。晚上，妮妮爸爸回家，他按响门铃后，妮妮飞快地从她玩的地方跑过来，嘴里大声喊着："爸爸，等等，你慢一点啊，我来帮你拿拖鞋。"妮妮爸爸进门后，妮妮略带得意（邀功）的样子，指着脚底下对爸爸说："这里都是我擦干净的。看，我的膝盖都跪红了。"因为我平时都是跪着擦地的，她学样，也是跪着擦的。妮妮爸爸心疼她的同时说："哦，真的！但是，妮妮，你看，你擦了这么一点已经很疼了，再看看妈妈擦了那么多的地方，是不是更加辛苦啊？"妮妮随着爸爸手指的方向，认真看了看，若有所思地点点头。以后，妮妮再也不随便弄乱弄脏房间了，即使有时会弄脏一下，马上，她就会主动去整理打扫，这个习惯坚持到了现在。

我的"用心"点：

1. 养成孩子勤劳的习惯，为她今后的勤奋学习打基础。

2. 体验家长劳动（擦地）的艰辛，学会珍惜劳动成果（不随便弄脏弄乱地面）。特别是很多孩子因为没有责任意识、没有劳动体验，所以他们常常认为，做家务、为自己服务是家长们理所应当的事。甚至我还听到有的孩子说："你不是我妈妈吗，妈妈就是要为我服务的呀！"可见，只有让孩子们体验劳动的艰辛才可能让他们更加懂得珍惜！

责 任 心

——整理自己的房间

自从妮妮学会帮着妈妈一起擦地打扫卫生以后，可能是因为劳动的辛苦，她格外关心起自己周边的房间卫生。平时她自己的小房间，我们都是要求她自己打扫整理，以此来培养她对自己的责任心。

有一次，她干弟弟来我家玩，因为是男孩，在她房间玩的时候"动作"有点大，把房间弄得"乱七八糟"。弟弟走后，妮妮面对"残局"，非常"懊恼"与"纠结"："这怎么弄啊，这么乱！"我知道，今天这情况，"摊子"太大，她可能没有了打扫干净的信心。于是我马上走到她身边对她说:"妈妈可以帮助你,和你一起来打扫。但只是帮助你,主要还要靠你自己。"听到有我的帮忙,她的信心又来了,立马站起身子,高高兴兴和我一起整理打扫起来,很快,房间就整洁漂亮起来。以后,每当有孩子来我家玩,妮妮再也不会因为怕别家孩子把房间弄脏弄乱而不让人自由玩耍了,再也听不到她喊"不能这样""不让那样"了!先放开来玩,再迅速打扫干净的习惯,一直保持到现在。

我的"用心"点：

1. 在家长的帮助与督促下养成勤劳的习惯并努力保持下去。

2. 亲身体验劳动的辛苦，由此学会珍惜、爱护他们的劳动成果。

3. 强化自身的责任意识，学着严以律己、宽以待人。

4. 通过生活小事培养孩子的责任心。

5. 父母及时引导、鼓励，最好能和孩子一起完成家务事，让孩子明白家庭的责任需要每位成员一起分担，在劳作中让孩子学会感恩父母，养成独立的好习惯。

下篇

小学期的秘密

——用心磨炼品质能力

妮妮上小学了。

我觉得,学习成绩固然重要,但能够让孩子快乐、享用一生的东西,更多的应该是她的适度的自信、广泛的兴趣、稳定的情感、坚定的意志和良好的性格。为此我想得很多,也用心去培养,有意识地磨炼她的意志品质。家庭教育在孩子成长过程中起到的作用往往是最根本、最持久的,为此,家长要正确理解教育的内涵,帮助孩子提高自身的综合素质和能力,并非仅为成绩而学习。

学习是孩子自己的事

妮妮已经上小学一年级了,我觉得养好孩子的学习习惯很重要,这可以让她自己一生受益! 具体来说是要让她通过养成好习惯来提高她的学习效率,从而保证她的学习质量。

一年级开学后的第一周,每天孩子放学回家,我都像所有的妈妈一样,督促孩子做作业。

但我和多数妈妈不同的是,很多妈妈都是起到学校老师的助教作用——在孩子完成作业后替孩子检查作业的完成情况,先于老师评阅作业的对错,做好记号喊孩子回来订正作业。我想,如果这样,极易让孩子养成对自己不负责任的习惯。试想,孩子在学校要是

考试测验,他(她)能够先让妈妈检查,然后订正再交卷?不可能!因此,"学习是你自己的事,爸爸妈妈是不会为你学习的事去求别人的",这是我对孩子说得比较多的话——因为我必须让妮妮养成自己对自己负责的习惯。为此,第一周,我也"陪"孩子一起做作业,但目的是为了让孩子心无旁骛地认真做作业,我好记录下孩子完成作业需要的真实时间。随后,我买来了计时器——一个造型可爱,能客观形象记录时间的工具来辅助我的"工作"。

第二周开始,妮妮放学回家,我让孩子告诉我有哪些作业,即作业量,然后告诉妮妮:"按照你上个星期认真写作业的速度,妈妈给你定好一个时间,你在这个时间内完成作业。"然后,我在计时器上转好定时点,同时让妮妮确认,并且她同意这么做。常常,妮妮会要求多放宽十分钟,我都同意,但我要求孩子:当定时器铃声响起,你必须停笔;在铃声响起之前,你不但要完成所有作业,还要检查好你的作业。只有这样,才算是做好了作业,做好后告诉妈妈。如果你没检查过作业,那仅仅是做完了,不能叫作"做好了"。孩子按照我俩的约定，每天放学后，即使我不再"陪"她，她也能按照要求认真仔细做作业，学习效果在一个时期内很好。

我的"用心"点：

小学低年级的孩子已经有了一定的约束和控制能力，但是还没有养成自觉学习的习惯。家长首先应培养孩子按时做作业的习惯，良好的习惯往往能达到事半功倍的效果。其次，逐渐培养孩子独立做作业的能力，家长可根据作业量来限定完成的时间，鼓励孩子自己检查作业，查出错后，让孩子自己纠正，不断培养孩子的专注力和独立性。

纠正妮妮粗心的毛病

上小学后,妮妮的学习状态很好,可是没过多久,我发现妮妮作业的错误率有所上升。什么原因? 我和妮妮一起坐定分析,发现是粗心大意造成的。

于是,我想出一个办法:为妮妮准备一个错误次数记录本。其理论依据是:小学低年级孩子的思维还是以具体形象性思维为主,错误的次数光靠每天用嘴跟她说没用,得有具体形象的记录,才可能保证她知道自己真实的错误次数。

在上述说到的计时器的辅助下,我告诉孩子,每天完成作业后,一定要自己再检查一遍作业,若发现有错,自己可以及时订正,那这个错误就不用记在这个记错本子上；如果经过自己检查后交给了妈妈，由妈妈再检查出来的错误，是一定要记在这个记错本子上的。妮妮同意了。此后，妮妮做完了作业都是自己认真检查，检查完后才交给妈妈。因为有计时器的帮助，对于妮妮做作业的时间也能很好地卡在规定的时间内。经过妈妈检查后发现的错误，妈妈都当着妮妮的面记在记错本上——以画"正"字来计数（一个正字为五次错误——五画），每次妮妮的错误数都写不满一个正字。如果妮妮一天没有错误，就让这天的日期下面空白；连续五天没有错误，我就在第五天的日期下面贴一朵花；连续得到五朵花，就满足孩子的一个相对合理的要求。就这样，妮妮在我的帮助下慢慢地、无意识地养成了自我检查作业的习惯。

后来的多次考试，她都充分得到了自己的好习惯带来的益处。印象最深的一次就是，她考南京外国语学校时，一起有三个孩子参加考试，另外两个孩子考完回来都说，试卷不难，只是没来得及做完，唯独她回来告诉我："妈妈，我做完了试卷，检查了一遍，还多了 5 分钟。"结果是，她以高分考进了南京外国语学校。

我的"用心"点：

学生在做作业时大都容易犯粗心大意的毛病，家长不能忽视这个看起来不太重要的问题，正所谓千里之堤溃于蚁穴。善用错题本，帮助孩子发现问题所在，让孩子直观地看到错误在哪里，为什么会犯错，强化孩子对自己的提醒与监督。好习惯的养成不是一朝一夕就能实现的，父母和孩子都需要付出耐心和努力，而结果一定是充满甜蜜滋味的。

家里来了客人

一天,我家来了许多客人,整个房间都充满了客人的欢声笑语。

妮妮在小房间里做作业,但不时分心,出来张望。那天,她没能按时保质完成作业,因为计时器一响,我就马上拿走了她的作业本。第二天,她上学后,我告诉她的老师妮妮没能完成作业的情况和原因,请求老师配合我教育孩子。

晚上,妮妮回家,我问妮妮:"今天你作业交上去,老师说什么了没有?"

她如实告诉我,老师问"为什么没有完成作业?"妮妮这样回答老师:"我家昨天来了许多客人,大人都不管我了,他们讲话声音很大,我就不停地出去玩,后来就来不及做作业了。"

老师批评了妮妮,"家里来客人跟你做作业有什么关系,你应该认真做你的作业! 没完成作业不应该,老师要批评你!"听完妮妮的叙述,我告诉她,"你要记住今天为什么被老师批评,妈妈建议你把今天这件事记下来,放进你的'坏'盒子,以便你记住,保证今后不重犯。"

也许有人要产生疑问:"为什么让老师批评她?"实际上,当晚完全有时间让她做完作业的。可我认为,如果这次不认真"惩罚"她一次,那么,不管是"计时器"还是前面制定的规矩,都让妮妮觉得是假的、玩玩的,这么久养成的习惯也会一夜破坏,更关键的是,孩子会对规则视同儿戏,为了面子都可以作假。这些都将对孩子今后的学习生活造成不良影响。因此,我必须较真!

我的"用心"点：

1. 在重要的事情上要"小题大做"，让孩子明白事情的重要性和严肃性。

2. 规则一旦订立就不能随意更改，否则孩子就会事事随意随便，自我约束力也无法建立，家长应时刻督促孩子认真遵守"法则"。

3. 从点滴细微处养成孩子认真、严谨的性格。

"我要做班长"

开学没几天，妮妮回来认真地对我说："妈妈，我想竞选当班长，我还想戴红领巾。"边说，她边看着我的表情。我知道，她有心向好，还想在精神上求得支援。于是，我和她爸爸马上对她说，"好啊，说明我们家妮妮是一个爱学习，积极向上的好孩子！"接着，我话锋一转："不过，妈妈想要先知道，你为什么想当班长？"

我猜想，是不是孩子虚荣心发作，仅仅为了图个好名声呢？只有知道理由，我才能清楚她的想法是认真思考后的"决定"，还是一时的虚荣冲动，如果是后者，那是万万不行的。

结果她认真跟我说："当了班长可以更好地去'管'

别人,可以更好地去帮助别的小朋友!"

哦!我放心了,不是虚荣心作祟!我决定要认真帮助她做好心理准备——无论成败的心理准备。

于是我对她说:"你有没有认真想过,如果做班长,就要为大家服务,而为大家服务,就要花时间,你就会少了自己的学习时间和游戏时间;同时,做班长,自己的学习成绩和各方面表现都要好,要不别的小朋友不服你。如果你对这些问题已经认真想过了,那妈妈爸爸全力支持你!"

又过了几天,放学回到家,她情绪稍有低落。我第一时间发现后就问她为什么。她低声说:"周老师说了,你学习成绩不错,就当个学习委员吧。妈妈,我没当成班长!"从孩子的表情和语气中,我看到了孩子的不甘心和失落。我想,也好,塞翁失马,焉知非福呢?也许坏事可以变好事!虽然孩子没有如愿,但是让她接受了一次小小的挫折(太顺利不利于孩子成长)也是好事。

但如何真正变成好事,我认真和妮妮进行了一次谈话:"虽然没有当上班长,但是妈妈记得,当初你说要去竞选当班长时的理由是可以为小朋友服务,可以帮助大家。现在你是学习委员,同样可以为大家服务,特别是可以帮助那些学习有困难的小朋友啊!"妮妮听完我的话,郑重点了点头。

后来的日子里,她认真做了"小名片",上面写上自己的大名,后面写上 ×× 班级学习委员,还有联系电话(家庭固定电话),问她为什么要做这名片,她回答:"如果回家了,小朋友有需要我帮助的,这样就可以很快打电话给我了呀!"

我的"用心"点：

———————————————————————

1. 保护孩子自强向上的心理，同时预防虚荣心的滋生。

2. 不为小小的挫败而责备孩子，家长应该意识到，适当的失败对孩子的健康成长有益，可以让孩子更加清楚自身的优缺点。

3. 引导孩子多角度看问题，以积极乐观的心态面对那些不甚如意的事。

———————————————————————

"老师还是厉害！"

有一天妮妮放学回家，进门就对我说："妈妈，老师还是厉害！"我问什么情况，她详细跟我说起了事情的经过：

今天，班主任周老师在班上对我们说："谁愿意和孙××同学一起坐？"我没有举手。因为孙××上课会讲话，做小动作，我怕和他一起坐，他会影响我的学习，所以我不能举手。哪晓得，周老师看看大家没举手，就接着说："那，谁愿意帮助孙××呢？"我赶紧举手，因为我是学习委员，我应该帮助小朋友的。不料，周老师对我说："好吧，刘苏立，就请你和孙××一起坐，只有坐得近，才能更好地帮助他！"

"咳，真是没想到，老师真是厉害，'斗'不过老师。"

听罢妮妮的述说,我觉得有必要和她聊聊。

于是我把妮妮揽到身边,对她说:"妈妈觉得老师的想法是对的,你想,全班同学在一起学习就像一家人,家里的孩子要共同进步才有意义,如果有一个小朋友落下、掉队,你们其他的同学心里都会难过的。所以周老师才请成绩好的同学去帮助其他同学。只是你自己想得多了一点,觉得老师好像是忽悠了你去和孙××同坐,实际上,她问你们谁愿意和他一起坐,本身就是希望你们能帮助他,你积极举手了,妈妈为你感到高兴,因为你是一个有责任心的学习委员,帮助班上每一个同学的学习取得进步,是你应该做的!至于你怕孙××影响你,那你可以找他谈话呀,要他上课认真听讲。"

听了我的话,妮妮认真地点了点头。几天后的一天傍晚她回到家,我又想起帮助孙××的事,于是问妮妮:"最近孙××上课有没有影响你?"妮妮回答我"有",我说那你怎么办的呢?她煞有介事地说:"下课后我找孙××谈话,告诉他,'你看,我学习这么好,就是因为上课认真听讲。你要向我学习,这样,你的成绩才能好,同学们才会喜欢你'。"我听罢忍不住要笑,但看到妮妮认真的样子,我忍住了:"那孙××听了你这样说,他又怎么说的呢?"妮妮说,他点点头,现在他上课很少随便讲话、做小动作了。我对孩子稚嫩的做法感到又好笑又欣慰,更为孩子的角色意识和角色担当欣慰。

我的"用心"点：

1. 在孩子自愿当小干部的基础上让孩子不仅要学会去管理，更要让孩子去学会承担责任并为此做出应有的"奉献"（牺牲部分利益——时间），而绝不仅仅是获得好名声。

2. 让孩子明白集体与个人的关系：帮助他人也就是帮助自己，这样才能达到班集体共同进步的目的。

一张"名片"

　　妮妮当上学习委员不久,我发现晚上找我女儿的电话多了起来,在相当长的一段时间内,几乎每天晚上,我们家的电话都会不断响起,每次她都急急地赶到放电话的桌子旁,认真回答电话那头的问题,内容基本上都是问今天的语文作业啦数学作业啦,小朋友问的多数不是学习上的困难,而是学习任务是什么。妮妮总是不厌其烦地到自己的房间,拿来教科书,仔细告诉对方。

　　她告诉我,有许多是同学的爸爸妈妈打来的,因为到晚上,他们的爸爸妈妈问孩子作业做好没,这些孩子才想起来,还有作业没做,可又忘了做什么。于是,这些爸爸妈妈就让孩子打电话问妮妮,有些家长因为怕孩子问得不清楚,就亲自打电话了。

每当这时,我都在心里说一遍:这些熊孩子!但我也很好奇:"妮妮,你们班同学怎么都知道我家的电话号码?"

她很快从书包里拿出几张小纸片,我仔细看了,上面写着:

北京东路小学一(4)班刘苏立　学习委员　家庭电话:××××××。

原来是一张"名片"!

"老师说我是学习委员,要帮助同学。白天在学校里,他们有困难,可以直接找我,但是晚上回家了,他们找我就只能打电话了,所以我自己做了一些名片给同学。"妮妮告诉我。

我看着孩子一笔一画认真手写的"名片",为孩子那份强烈的责任心而感动!我乘势夸奖妮妮:"你的做法很好。但是你自己要认真听讲,保持好的学习成绩,才能有资格去帮助别人,否则别的同学会不服你,那时他们就可能会说:'哼,自己都搞不清楚,自己的学习成绩都不好,还来帮助我们,拿什么来帮助啊?'如果那样就不好了,是不是?"

妮妮郑重地回应我:"是的,我会认真学习,保证好成绩。"

她说话算话,在一、二年级期中、期末的八次考试中,次次双百分。她也因此在同学中建立起较高的学习威信。

由于妮妮对很多孩子都有"帮助",在不久的选举首批红领巾的名单中,妮妮高票名列,因为好多小朋友都认识她!呵呵,这是我没有想到的结果。

我的"用心"点:

1. 当班干部能增强孩子的责任意识,培养孩子的班级管控和自我管理的能力,并且可以很好地锻炼自己,提升自身的综合素质。

2. 不能放松对学习的要求,以榜样的作用来激励孩子不断进步,为班级做良好的示范。

3. 及时鼓励孩子的优点,让孩子更加自信、阳光地成长。

"爷爷，我来教你"

上一年级不久，妮妮每天放学回来都能认真练习汉语拼音，惯用的办法就是大声朗读儿歌（加注了拼音的），而每每此时，爷爷就会在妮妮旁边和她一起读。由于爷爷是湖南人，一口湖南"普通话"，发音常常让我们忍俊不禁。这时，妮妮都会很认真地去纠正爷爷的发音，很有耐心地把老师教的那一套有模有样地"教"给爷爷。

我在一旁沉思：妮妮有如此的态度和耐心"教"爷爷说普通话，何不利用这种情况，让孩子进一步提高她的学习积极性呢？于是在妮妮又一次完成了"教学"任务之后，我把她叫到一边，认真交代起来："你看，爷爷学习也很认真，但是他年纪大了，家乡话也说惯了，现在要改正他的发音是不容易的。但是，我已经问过爷爷了，他愿意向你学习，一点一点来学说普通话，你是否愿意像老师那样帮助他呢？"妮妮一听"像老师那样"，马上开心地回答愿意！我随即就说，"那很好！但是你要想到，老师也不是随便可以当的哦，因为老师教给学生的一定是不能错的，所以，你在学校学习的时候，要非常认真地学，要学到一点都不错才能回来教爷爷哦！"她认真点点头表示同意，保证上课时认真学，一定会把正确的"教"给爷爷。在以后的三个月汉语拼音学习期间，她都能在完成作业后再认真给爷爷"上课"。虽然有时也有错误，甚至有时是爷爷反过来纠正她（爷爷为了培养孙女的学习兴趣，竟然很主动地去买来汉语拼音录音带自学），即便爷爷最终也没有把汉语拼音学得"及格"，但在那段时间里，妮妮始终保持了很好的学习积极性和认真的学习态度，进而也养成了较好的学习习惯，直到后来，她自身得益许多。

我的"用心"点：

1. 初入小学，培养孩子的学习兴趣和学习习惯很重要。

2. 以角色扮演来进行游戏化的"教学"方法效果显著，因为符合此年龄段孩子的心理特点。

3. 家长要善于发现教育契机，营造良好的家庭氛围。

做个写字小能手

  妮妮在幼儿园毕业那年的暑假,为了锻炼她的小肌肉,我们决定开始让孩子握毛笔、练"描红",每天写两页,由爸爸妈妈批阅,关注孩子写字的姿势、写字速度及字迹的端正。这个活动一直坚持到一年级上学期结束。活动带来的直接效果是孩子写字的坐姿端正了,握笔姿势、眼睛和书本的距离都保持在合适的位置,为孩子进入小学学习打下了坚实的基础。

  进入小学后,我们要求妮妮每天做作业都要在计时器规定的时间内保质完成,同时要求妮妮写字时看准下笔,少用橡皮和不用橡皮。因为我发现,许多孩子在考试中,不是因为不会做没能完成试卷,而是因为不停地用橡皮（或用其他工具）涂改字迹而影响写字的速度，浪费宝贵的思考时间，影响答题速度，导致不能按时完成答卷，最终不能取得理想的学习成绩。

因此，平时我就要求妮妮做作业写字时，眼睛看准每个字的笔画，用笔准确落在本子相应的位置处，手眼协调一致，落下笔后，尽量不用橡皮去擦、改，保证作业的速度和效率。由于坚持要求、坚持练字，孩子每年都获得"写字小能手"的称号。

这个习惯的养成，让她在后来的学习生涯中获益不少：做试卷的速度大大提高，写出来的字让人们拍手称赞，妮妮本人也更加自信了。

我的"用心"点：

1.通过写得一手好字,培养孩子的自信心与坚持做事的习惯,同时也能提升孩子的审美力。

2.通过熟练写字,提升孩子应试时书写的速度和卷面整洁度。

3.学习习惯的培养要从小开始,从细节处开始,让孩子坚持到底,最终一定能够有所收获。

一分耕耘一分收获

妮妮小学二年级期末考试结束后的那天，一回到家，进门就对我说，"妈妈，我现在再次感受到了，什么叫作'一分耕耘一分收获'。"边说还得意地摇头晃脑。

我觉得她似乎要告诉我些什么，就说，"你今天怎么说起这句话呢？"

她迫不及待地说："妈妈，我从上一年级上学开始到现在，每次考试都是双百分，我已经考了1600分了（指：一学期两次考试，四个学期八次考试）。因为我用功，勤奋，所以我就能考到双百分呀！"

我听后也是喜滋滋的，是啊，女儿真不容易呢，每次考试必须十分认真仔细，才能一分都不扣。嗯，女儿不仅是聪明的,而且还很细心认真,很自信,这是好品质,值得表扬奖励。可随即我又想,这也是有问题存在的:假如孩子始终用"一分耕耘一分收获"来想象自己今后的学习或工作,自信过头,形成了固定模式,那么,万一哪次她"耕耘"了,却没有"收获",她能承受得起吗?于是,我认真邀女儿坐下来,与她一起分析取得好的考试成绩的原因。

我告诉她,我认为,一个人考试取得的成绩,包括今后取得的成功,很大程度上取决于这个人的努力(耕耘)加上运气。如果努力了,运气不好,可能也没有好成绩;如果运气好,没努力,同样不会成功!所以一个人的成功=努力+运气。她似懂非懂地点点头。再后来,许多次考得不理想,她都自嘲是运气不好,随后再去检查自己努力得够不够。我这样考虑的目的,是为了孩子今后的人生道路上万一某次她很看重的机会没得到,她也能坦然接受——咳,我运气不好!而不至于去想不开、看不开、走不出,甚至伤害自己!我想要我的女儿从小不仅自信,还要学会淡定、从容地去面对今后的成功或失败。

我的"用心"点：

1. 一个人没有自信可怕，但自信过头也很可怕，还会对困难估计不足，我要让孩子从小注意。

2. 让孩子正确看待学习上的成功与失败，努力耕耘不一定就能获得对等的收获，但不能因此就放弃"耕耘"，或钻牛角尖与自己过不去，因为这其中还存在一些不可控的"运气"成分，实际上是在培养孩子健康的心理和抗击打的能力。

树立正确的价值观

二年级时，一次女儿回家跟我抱怨："我们班小朋友，考一次 100 分，爸爸妈妈就请吃一次肯德基，我都不知考过多少次 100 分了，才吃过几次肯德基啊?!"

细想一下，的确如此。我们很少给孩子吃肯德基，即便吃过几次，也多是干妈带她去的。今天，妮妮提到这事，我觉得有必要和她谈谈，因为这中间存在两个问题：其一是取得了成绩是否必须奖励的问题，其二是关于成本核算的问题。

晚上，在做完所有作业以后，我和女儿坐下聊天。

"妈妈今天听你说到了吃肯德基的问题，我觉得这个问题提得很好。因为提得好,所以我们俩要认真坐下来说说。首先我们来看看,考了100分是否必须吃肯德基。妈妈觉得,一个人做事,如果他付出了极大的努力,得到了对他而言不错的成绩,也不一定是100分,那么这个人应该得到奖励。在学校,老师给大家考试,为什么出100分的考卷,意思就是说只要小朋友认真做,就应该能得到100分,你认真做了,自然就得到100分,这是应该的;假如没有得到100分,那是不认真、粗心造成的。所以,你想想看,你一直做得到考100分这样的事情需要奖励吗?"

她若有所思地点点头。

虽然我的说法有点"忽悠"孩子的嫌疑,但我坚持表扬的是孩子付出的努力过程而不是单一的结果。紧接着我又想说成本核算的事情。但考虑到孩子此时还处于具体形象性思维时期,不太容易理解成本的问题,我决定第二天做了准备后再来跟她说。

第二天,我从肯德基店买来儿童套餐,又从美满家店买来了面包、炸鸡块等。晚饭前,我把从两处买来的面包和鸡块分别一一对应起来（除了儿童套餐里的特制玩具），标上单价，又将在每家店买的东西下面写上食材的价格总数。让孩子一目了然看清楚，看明白。我问女儿，同样是鸡块和面包，价格差这么多，这么多的差价就是为了这个玩具，吃肯德基是否划算？女儿脱口而出："不划算！"解决了女儿的问题后全家高高兴兴吃完了全部的食物。

以后，妮妮再没提吃肯德基的事。当然我们也去吃过肯德基，但那仅仅是为了变换花样、换换吃饭环境而已，跟奖励毫无关系！

我的"用心"点:

1. 帮助孩子明白,奖励的目的是为了鼓励孩子付出的努力。要预防孩子今后干任何事情都要表扬、奖励的坏习惯。

2. 帮孩子初步建立成本核算的意识,以便她今后进一步养成成本核算习惯,进而,随着年龄的增长,有利于形成正确的价值观。

3. 培养孩子的价值观并非一个遥远、高深的话题,它就藏在身边的点滴小事中。逐步纠正孩子的不良认识,树立积极健康的思想意识;正确价值观的基础就会被慢慢夯实。

"好盒子"和"坏盒子"

　　每个人的成长都不可能是一帆风顺的,每个人都会犯这样或那样的错误,我们如此,妮妮也不例外。为帮助妮妮学会对错误的反思反省,我为妮妮准备了两个大大的铁皮制作的饼干盒,用以存放她的成长记录——获得的成绩"证明"和犯下的错误"记录"。用她自己的话来说,就是"好盒子"和"坏盒子"。

　　记得妮妮上一年级的某一天,我下班回家,奶奶很生气地告状:今天中午妮妮很迟才回家,还是被爷爷找回来的。我忙问是怎么一回事?经过了解,原来事情是这样的:中午妮妮没有像往常那样准时回家来吃饭,爷爷奶奶很着急却又不知何故。十二点下楼去找,发现她在路边玩,故意没惊动她;一点钟过了,爷爷又下楼去看,发现妮妮和她的好朋友还蹲在路边忙活什么。于是爷爷走过去对妮妮说:"你赶紧上学去吧,时间不早了,也别回家吃饭了。"

妮妮一听,立即跳起来,大声说:"啊?不行,今天我必须回家,下午上课要用的东西还要去拿呢!"

于是不顾爷爷还在后面说着什么,就向着家里飞奔,进屋后用五分钟时间吃完饭,进自己房间拿了学习用具又向学校飞奔而去。

了解了事情的全过程,我决定让她自己认识自己的错误——请她写"检查",并保证今后不再犯。同时把那两个饼干盒拿出来,告诉她这两个盒子的用途:"今后你做好的事情、获得的奖状等都放进这个'好盒子',干的坏事所写下的检查书等都放进这'坏盒子',你可以经常看看,是好盒子里的东西多还是坏盒子里的东西多,妈妈希望你好盒子里的东西多!"为了让她记住这件事情,我还特地把奶奶就这件事情的记录也放了进去。

之所以用盒子来记录孩子成长的痕迹,是因为孩子那时还处在具体形象性思维时期,必须以形象的东西来辅助自己思考,盒子里东西的多少,孩子一目了然,马上清楚自己的情况,而且也利于她为增加"好盒子"里的内容而产生动力,毕竟"人之初,性本善",孩子都想成为大人心目中的好孩子!

之后,妮妮在"好盒子"里的东西越来越多,还增加了新的"好盒子"。六年级毕业时,报考初中要组织孩子的材料,这也为我们提供了极大的便利,直接从"好盒子"拿出稍加整理即成。当然,那是后话。

我的"用心"点：

1. 用看得见的"东西"帮助孩子学会客观评价自己，正确地认识如何面对错误，怎样做才能更好地进行补救。

2. 激发孩子内在的学习动力、改正错误的欲望，远胜于千遍的叮嘱或唠叨，让孩子学习自我管控，明辨是非，主动而非被迫纠正所犯之错。

3. 教育方式要符合孩子的心理特征，好方法往往能事半功倍。

不要在同一个坑里重复跌跤

妮妮在那次将犯错误的事情写成检讨放进"坏盒子"后的相当长一段时间里,情绪都不是很好,有点蔫吧,没有了往常那种精气神。我觉得这也是问题,于是决定帮助她。

有一天,我特意提前下班在家等妮妮放学回来,发现她做作业时情绪还是很低落,于是那天破天荒我陪她写了作业,我想先建立等会儿跟她谈话的感情基础。在她作业做完后,我马上和她聊了起来。

我问了她这几天的情况,问她有什么想和妈妈说的。她告诉我,知道自己错了,害怕妈妈不能原谅她,把她看成是坏孩子。听完后,我拿来了一张白纸,先在纸上画了一条平平的马路,接着又画了几个坑,然后对妮妮说,这好比是一条妮妮成长过程中要走过的路。因为路上有不少坑,每个人走过都有可能会跌进这些坑,但是,当一个人跌进一个坑后,她就应该认真想想,为什么会跌进这个坑,今后要怎样小心才有可能不再跌进这个坑,并且通过对这次跌跤的事情提醒自己今后少跌跤甚至不跌跤。妈妈让她写检查,就是要她认真想想,自己为什么会犯错误,今后如何去改正,并且努力少犯错误。如果不是这样,可能还会再犯同样的错误,这样,就好比人在一个坑里重复跌跤,因为不长记性。爸爸妈妈从小到大也犯过错误,但一个人犯错误不怕,怕就怕他重复犯同样的错误!重复犯错误就等于没长脑子,等于是白痴!现在犯错误不怕,只要及时改正,就是好孩子,爸爸妈妈看到妮妮知道错了,而且改了,早就原谅她了。随后的几天,我认真观察妮妮,她又神气起来,我也放心了。

我的"用心"点：

1. 留意孩子的情绪状态，发现问题及时和孩子沟通，帮孩子走出"困境"。

2. 让孩子明白，不要因为一次犯错而低沉，及时认识错误，迎头赶上依然是好孩子。

3. 当孩子做错事时，父母应及时地给予教育并纠正，让孩子知道错误不是不可挽救的。父母不要一味地批评、指责孩子，这样容易导致孩子产生自卑或逆反心理，当发现孩子情绪反常时，应尽早找到问题根源，避免对孩子的心理健康造成不良影响。

"我被她欺骗了"

　　三年级时，一次我们一家三口去车站坐火车。在候车室里，看到一个和妮妮年龄相仿的女孩手捧一摞报纸在卖。女儿连忙问我要了钱，跑过去一口气买了三份，我知道，那是女儿的同情心使然，便对女儿微笑赞扬。

　　上了火车，三人分别拿起一张报纸，突然听到女儿很生气地喊了起来，"妈妈，快看，我手上的这份报纸时间是一个月前的。"我侧身一看果然如此。于是赶紧安慰女儿："算了，不管了，过期就过期呗，就当我们做善举了。"可是妮妮依然愤愤地说，"我很生气，我被她欺骗了！"，情绪也变得很低沉，我一时也不知如何劝慰她。

　　过了几天，又谈起此事，我跟她说，"妈妈知道你是一个善良的孩子,看到别的小朋友过得不如你,你就会很同情他们,就想去帮助他们。那天,你也一定是想去帮助这个小姑娘的,因为你从来没想到过,她的报纸日期会是过期很久的。是不是?"

她点点头。

我接着又说:"实际上,那天你去买报纸时,妈妈真的为你感到骄傲,因为你懂得关心别人、帮助别人。但是你知道吗?那天买来的报纸是这样的,妈妈爸爸也没想到,所以你没想到也是很正常的,你想呢,连爸爸妈妈这么大年龄的人都想不到的事情,被你碰到了,这属于意外,你不用为此不高兴。记住,宝贝,我们绝不要因为别人犯的错而伤了自己的心,让自己不开心不值得,不是吗?"

这下,妮妮又认真点点头,这次点头,我感觉比前一次更有力,我知道她自责的心理放下了。因为她听到连爸爸妈妈都不能预料的事情发生,她的压力就小了许多。后来,她还将此事写成了作文《诚信》,参加玄武区小学生作文比赛并获奖了。可惜,由于几次搬家,这篇文章遗失了。

我的"用心"点：

善良是孩子的天性。儿童期的孩子会开始以善良的心理去关注社会，但认识又受局限，特别是想象中的社会和现实有矛盾的时候，他们会迷茫或不知所措。帮助他们真切感受、体验真实的社会，进而帮助她养成客观认识社会、认识世间的善恶美丑是我们家长的重要责任。

"我的名字"

女儿四年级了，老师布置写作文，题目就是"我的名字"，以下是她写的原文。

我叫刘苏立，这回，我不介绍自己的其他，单要介绍自己的名字。

听爸爸说，我出生前，爸爸就请爷爷给我起名字了。爷爷想了好几个都不太满意。于是，爷爷还是让爸爸给我起名字，并提了几个建议：1. 名字要好记好写。2. 名字要有一定的意义。妈妈和奶奶也"强烈"要求名字的读音要有和她们姓的读音相似的地方。

爸爸苦思冥想，想到了自己喜欢的屈原的楚辞《橘颂》："后皇嘉树，橘徕服兮……苏世独立，横而不流，秉德无私，参天地兮……"爸爸特别喜欢其中的辞句"苏世独立,横而不流",这个句子的意思是:橘树傲然立于世间,超脱而不随俗。爸爸便想用橘树的精神来要求我成长为傲然立于世间、超脱而不随俗的人。就取"苏"和"立"两字作为我的名字。

1990年3月21日,我出生了。那天恰逢"春分",爸爸又想到了我名字的另两层含意:春天,正值万物苏醒的季节,"苏"就可以代表"苏醒","立"就可以代表小苗破土而出,立了起来。此外,我的名字还有一个意义:"苏"读音近似于奶奶的姓"舒";"立"读音近似于妈妈的姓"倪",代表我是三家人的孩子。真是巧夺天工。

我的名字听起来虽然不太像女孩的名字,但我仍然喜欢它。因为,我的名字很符合我的性格:有点男孩子气。另外,从爸爸费尽心思为我起名字、妈妈奶奶爷爷提建议可以看出,全家都很疼爱我、关心我。我长大后一定要好好学习,报答他们,感谢他们为我付出的劳动。

我喜欢我的名字,我更喜欢我的家人。

这篇文章后来被语文老师送去参加了全市作文大赛,取得了较好成绩。

我的"用心"点：

1. 家人对孩子的爱也许不需要过多言语表达，但是孩子一定能够真切体会到这份真挚而深深的温情, 这就是我对幸福家庭的理解之一。

2. "名字的故事"让孩子对自己与父母、家庭的联系充满了好奇与自豪, 具化的亲情就融于身边的点滴。

质疑妈妈怎么办?

妮妮从小学三年级开始就去参加业余奥数班的学习了,成绩一直还算可以,我们家长也·直没有特别要求她如何如何,她学习也是快快乐乐的。

到了四年级的一天,她遇到困难了,于是就跟我请教:"妈妈,这道奥数题怎么做?"

我看了看,告诉她我好像不是太清楚,但是,我和她可以一起来研究研究。随后,我在女儿身旁坐了下来。我发现,我可以用解方程的方法来解决这个问题,于是就对她说,妈妈会做,随即在纸上列出方程式,还没等我动手做,妮妮就急忙跟我说:"妈妈,不对,不是这样做的,我们老师是用线段做的。"

听完她这么说，我诚实地告诉妮妮："那我就不会做了。要不你自己再研究研究吧，研究好了再教我。"

妮妮望望我，边摇头边说："真不知你是怎么上的大学，连小学四年级的数学都不会做。"随即，她自己到一边去研究起来了。之后爸爸回来了，在爸爸的帮助下，她很快解决了这个问题。

事情似乎也就结束了，但是我觉得这件事情里面还有问题存在，那就是孩子的那句"真不知你是怎么上的大学，连小学四年级的数学都不会做"，这句话的潜台词是"妈妈不行"！它带来的可能后患是：孩子瞧不起家长，这对家长的权威性是一个挑战！那样的话，今后家长教育孩子的效果就会打折扣，这是万万不行的。

晚饭后，我又和妮妮聊起了天："今天下午你说的'真不知你是怎么上的大学，连小学四年级的数学都不会做'这话是不对的。妈妈是大学生，但上的不是数学专业，不会做数学题也是情有可原的。这不影响妈妈在自己所学专业的领域里做出成绩。你看，妈妈发表的文章就是成绩啊！"聊完，妮妮似懂非懂地点点头。

后来,我只要有文章发表或取得其他成绩,都会及时和孩子分享,尽管有些文章她也看不懂,但是她知道这些都是妈妈爸爸努力的结果,她也要以自己的努力向爸爸妈妈看齐。

我的"用心"点:

1. 貌似不经意的一句话,要看到它背后的教育价值:家长在孩子心目中的地位会严重影响到家庭教育的效果,不容忽视!

2. 即使是家长,也要有勇气和胸襟向孩子承认自己的弱点,这并不意味着家长的能力就是不行的。

3. 身教胜于言传,家长要不断学习,争取取得好成绩,做出一番事业,做孩子的榜样,让自己更具"权威性"。

开 心 故 事

——第一次做小老师

四年级下学期,老师布置的一篇作文题是"开心故事"。妮妮结合数学老师曾经请她帮忙的一件事情,完成了作文《开心故事——第一次做小老师》,以下是她写的原文。

虽是上学期的事,但现在回忆起来还是记忆犹新。

那是一个星期五,王老师(数学老师)"秘密"委托我星期一代替她给同学们上节复习课。我回家赶紧练习,生怕出洋相。可越怕的事儿越要来。这不,"天有不测风云",果然被我碰上了。

星期一，我怀着忐忑不安的心情走上讲台，上起了复习课。

我说了声"上课"，同学们都站了起来，不知哪个调皮鬼甜甜地喊了声"刘老思（师）好！"顿时，一阵哄堂大笑。甚至还有人笑得一屁股坐到了凳子上。一旁监督的李老师"火冒三丈"，"大喝一声"："重来！"我说"上课"，大家这回"听话"了，一致回复"敬礼"。我急忙回礼，并说"请坐"。我迫不及待地说："请大家把'一刻钟'拿出来。翻到第九十……九十……九十三页。"边说还慌慌忙忙地翻阅着"一刻钟"。"嘻嘻嘻嘻……"又是一阵笑声。我脸都涨红了，心想：不要紧张不就好了，待会儿我一定上好！于是，我定了定神，清了清嗓子。嘿，这"招儿"还真灵，他们个个望着我，等待我"下令"，我说："我们先做第一题！"这回好了，一切都很顺利。

可"好景不长"，又闹笑话了。我准备让同学上台板演，可却忘了词儿，急得我抓耳挠腮，情急之中，只得讲："下面请同学上台表演。"这下可好，几十双眼睛盯着我，怎么，难道数学课成了班队会了？看着这些仿佛不认识我的目光,我脸上火辣辣地疼。这时我才想起,应该是"板演"。于是,急忙更正:"下面请几位同学上台板演。"呵,这么多只手,太好了。我随意点了几个,可正准备让他们上台时,下课铃响了。嗨,这"可恶"的下课铃。可任务没完成,我也"身不由己"了。我悻悻地说了声"下课"。同学们有说有笑地走了。

看来,要想上好一节课还真不容易呀!不过,当老师还是蛮开心的。

这篇文章后来被我看到了,我就特意跟妮妮聊起来:"虽然你们有时会抱怨老师课上得不好,但从你自己当老师来看,老师要上好一节课是不容易的,在这点上,妈妈的体会是最深的,因为妈妈就是老师。也许平时你不了解,妈妈也没跟你说过,实际上,妈妈要在学校上一节课,在此之前,我可能要花4—6节课的时间去备课,然后才会走上讲台,否则心里不踏实。因此,你们应该多理解老师的辛苦,和老师共同把班级的学习搞好,这,也是你这个班长(三年级起她当班长了)应该做的。以前听你说过班上有同学抱怨××老师抢课(抢自习课),导致好多同学公开说不喜欢 ×× 老师。从今往后,妈妈希望你和你们同学都能理解老师。你想,老师要是没有责任心,她干吗要多花时间来给你们上课,这时间她完全可以自己休息休息啊!"这次谈心以后,慢慢地,我们就不太听到她说起同学们抱怨的事了。

我的"用心"点：

1. 要帮助孩子多理解、体贴老师，进而逐渐学会换位思考，站在他人的角度去考虑问题，多包容、体谅他人。

2. 换位思考是一种十分重要的能力，能够帮助孩子拥有良好的人际关系，作为最好的老师——父母，应该帮孩子学会反思、总结，可以使用一些启发式的问题问孩子。

3. 培养孩子善解人意的良好品质，多和孩子谈心，尽量避免空洞的说教，用具体事例来进行教育。

爱上写作的妮妮

妮妮在小学二年级时的一次"华人华侨学生假日作文大赛"中获得了一等奖后，对写作产生了兴趣。我们也有意识地保护她的这个兴趣，因此每年我们会安排一次旅游，让孩子接触社会、接触自然，让她把所见所闻所思所感写下来。

记得有一年暑假，我们带她去山东、蓬莱、威海、大连一带的沿海城市玩。出发前要求她这十多天里要完成四篇日记。带着"任务"，我们一家三口出发了。如期归来之后，妮妮也按时完成了"任务"。

就在此时，好朋友一家发出邀请，想在假期结束前一起去连云港海边玩。我想到才回来，孩子再出去，担心妮妮会情绪上太兴奋,不定心,对即将开学不利。但好朋友一家又十分想出去,于是我和妮妮商量起来,是否可以再陪"弟弟"一家出去玩?在与妮妮商量的过程中,也告诉了她我的担心。妮妮很高心地说愿意再出去玩,并主动提出自己还可以再写两篇日记,而且保证开学后会认真学习。这次短暂的海边游,我们采用的是自主式旅游,孩子在自由自在的活动中有很多的新发现、新感受,接连又写了四篇。开学后,其中的《海边趣事》被老师选作范文在全班朗读。

海边趣事

今年暑假,我跟妈妈及她的同事等人来到了连云港,在游玩当中,我觉得最有趣的还是捉鱼蟹。

那天下午,我们来到了美丽的高公岛。放眼望去,远处海天相连,近处浪花叠叠。我被这美丽的景色吸引了,迫不及待地换上游泳衣奔向大海。谁知,我刚下水,就来了个大浪。我还没有反应过来,大浪就盖过了我的头。我呛了口水,感到海水又苦又咸。我赶紧吐掉水,狼狈地回到沙滩上。沙滩又松又软,沙子很细,踩上去非常舒服。我的身后留下了一串小小的脚印。

　　过了一会儿，我和戴叔叔下海冲浪。路上，戴叔叔看见了一块"石头"。他说："这块石头真好看！"说着，顺手拾起"石头"，可定睛一看，原来是只大螃蟹。只见它"背"着一个蓝色的壳，壳上有乱毛线似的棕色环纹，非常漂亮。我开心地喊起来："我们捉到一只螃蟹喽！"不知不觉，我们已被人们包围了。他们指指点点，议论纷纷。有的说"真漂亮"，有的说"真可爱"，把我和戴叔叔弄得不知所措。好不容易人群才散开。

　　不一会儿，整个沙滩上掀起了一股"捉蟹风"。我们当然是"主角"。不知为什么，我们的运气特别好，一会儿，又捉了几只螃蟹。有的是身穿紫色"盔甲"的"长腿大将"，有的是背着螺壳的寄居蟹。每捉一只螃蟹，就会被"包围"一次。我们只得"突围"，跑出人群。我发现妈妈正一声不吭地在一旁捉鱼。我津津有味地在旁边看起来。之间一条小鱼在妈妈围的"石头阵"里打转转，要想捉住它，还真是易如反掌。妈妈将手悄悄地伸进水里，只轻轻一捧，一条活蹦乱跳的小鱼就这样捉到了。我看了，很美慕,心想,我也要捉一条。我坐在水边,想着捉鱼的办法。突然,我感到脚底痒痒的。难道螃蟹也来"拜访"我了?管它三七二十一,我一把抓起那东西,定睛一看,哇!一条大鱼,一条活生生的大鱼!它足有七厘米长,二厘米粗,正鼓着鱼鳃,扭动着身子,一副可怜巴巴的样子,好像在说:"放了我吧!"我可不心软,不想放过这"不劳而获"的机会,我高兴地叫道:"我捉了一条大鱼,一条大鱼!"刚叫完,我就被许多人又围了起来。人们议论纷纷,不住地夸:"真大!"顿时,我更得意了。

太阳下山了,我也哼着歌,提着"战利品",跟着人群依依不舍地离开了海边。

1999.9.9 写完

以后,妮妮的写作兴趣越来越浓,甚至有好多个寒暑假快要结束时,她都会对其他小朋友说:"作业做完了吗?要是作文还没有做完,我可以帮你写,其他的就算了哦!"她写了不少东西,可惜由于我们太忙,有些东西没能为她保存下来。

我的"用心"点：

———————————————◆————————————————

1. 在游乐中对孩子提出要求，"带着任务"能够让孩子在感受快乐的同时有所收获，而文字是对回忆最好的记录方式。

2. 激发和保护孩子写作的积极性，有助于培养孩子学会观察生活、学会思考问题，进而有利于丰富孩子的兴趣，也能够丰富孩子的生活。当然，对表达的流畅性和准确性也有益处。

———————————————◆————————————————

学会承担家庭责任

妮妮四年级时，我家要装修房子。

前期我们一家三口都对装修方案提了建议，尤其是听了妮妮对自己房间的装修想法。随后为了培养妮妮的责任心，我和她爸爸跟她认真地说："妮妮，根据预算，这次装修大概要花费好几万块钱，其中你的房间，要花 4 万块钱。爸爸妈妈想，你住的房间装修的费用要你自己承担。我们也知道，你目前没有这笔钱，我们准备借给你，等你以后再还我们。"

妮妮用紧张的口气说："我什么时候能还清啊？"

我"认真"地对她说有这样两种办法：第一，可以等以后找到好的工作，赚了钱再还我们；第二，也可以从今天起，每天帮我们洗碗，每次算五毛钱。她想了想对我们说，就先从洗碗开始还钱。

此后，每天吃完饭妮妮都主动洗碗，每次洗完都马上去记账，赚了多少钱，有时洗的碗多，她还要求加价到一次一块钱，我们也都满足。这笔"欠款"，一直延续到小学毕业时考上南京外国语学校，才最后"还清"。

后续故事：她准备考南外时，我对她说，根据你的成绩，我觉得你考试时正常发挥应该能考上；即使你考意外了，我估计你像表姐那样，交点赞助费也应该能上。现在爸爸妈妈为你准备了 4 万块钱，这是我们送给你的，就是你的钱。后来她如愿考上了南外，我们也守信把 4 万块钱交给妮妮，让她自己处置。她首先想到了"还款"，还一本正经地把洗碗赚的钱计算了一下，说我们还"倒欠钱"了。为了还清她的"欠款"，我们用暑假里的一次请她旅游才了结。当然，那是后话。

我的"用心"点：

家庭成员要共同为家庭建设承担责任，孩子也不例外。由于孩子的能力所限，因此培养妮妮的责任担当，更多体现在帮助她形成责任意识和进行责任体验上，让孩子在家庭岗位上感受责任的分量，着手小处，像洗碗、倒垃圾等都应倡导、鼓励。其中搞好学习是她对自己和家庭负责的主要体现，我们必须重视。

妮妮做晚饭

装修房子开始于暑假，我们大人需要每天去装饰城买材料。因为和同事家同步装修，因此常常两家大人一起出去，家中就留下妮妮和弟弟（同事的孩子）。

一天傍晚，我们四个大人灰头土脸地回到院子，才进大门，门卫师傅就对我说："倪老师，你家女儿已经帮你们把晚饭烧好了！"

我诧异地问师傅是怎么知道的，他告诉我们，他看见妮妮带弟弟去菜场买菜，已经回去好长时间了。

我们一听，慌忙跑向我家，进门一看，桌上放着一碗炒苋菜、一盆切片圆火腿、一锅土豆汤。空气中更多的是米饭刚烧好时的香味，电饭煲的"保温"键亮着，饭真的烧好了！

回过头看看两个小家伙：满头大汗，一脸兴奋，颈子里挂着湿毛巾。

这是怎么一回事？哪来的钱买菜，又是怎么去买的呢？

妮妮带着得意的神情向我们四人"汇报"：午睡起床已是三点钟。想到爸爸妈妈们又在外面辛苦，妮妮和弟弟决定帮爸爸妈妈把晚饭烧好，让爸爸妈妈回家就能吃到饭，可以早点休息。于是就带着弟弟，揣着十块钱（平时妮妮的钱包里始终备着的钱）去菜场，找到妈妈平时买菜固定的摊位，买了三个土豆，然后又去了超市，买了切好片的圆火腿，剩下一块钱，又回到买土豆的摊位，买了一斤苋菜，钱不够，差五毛钱，于是跟卖菜阿姨商量，欠着，等妈妈下次来买菜再还。阿姨说不要了，妮妮说，我一定要妈妈来还的。买菜回来，妮妮让弟弟选择做什么事（全然不顾弟弟才一年级的年龄），弟弟选择削土豆，妮妮就负责整理苋菜和淘米烧饭。当一切都准备好以后，准备扭煤气灶开关时，妮妮突然害怕万一点不着而有煤气泄漏的危险,赶紧找了毛巾湿透,帮弟弟和自己用毛巾围住嘴和鼻子,害怕煤气中毒。就这样,带着"防毒面具"完成了炒菜和烧汤的工作,坐等爸爸妈妈回家"开席"。妮妮在"汇报",我们四人已是泪眼婆娑,感动?害怕?幸福?都有!

　　开席!六人坐下,盛饭吃菜,六人这点菜哪够饱?有现成饭吃,幸福着,就管饱了!一块苋菜到嘴,嗯?没味!再夹起一块土豆,没熟!太幸福了,都没顾得上看看,菜烧得怎么样,现在仔细看看,土豆块切得大小不一(不易一起熟),再尝苋菜,好像没放盐,一问妮妮,果然!即便如此,六人还是高兴地吃完了有史以来儿女为我们烧的第一顿正餐。事后,我们再次表扬了妮妮关心大人、体贴大人的举动,同时告诉她要特别注意安全,尤其是不能安排弟弟削土豆,更不能带着弟弟一起来点火做菜。还建议她,下次关心爸爸妈妈,可以在爸爸妈妈在场的情况下,帮着做一些事情,千万不要家中没大人时做菜烧饭了。

我的"用心"点：

孩子自发帮助大人分担家务，家长要表示肯定与鼓励，但同时还要进行安全教育。学做家务，可以巩固妮妮已有的责任心，并由此深刻体会父母的辛劳，对其形成感恩心理、珍惜劳动成果有益。

孩子有时会好心办了"坏事"，表现得不是很如意，家长一定不要嘲笑或呵斥孩子，要在表扬优点的基础上，提出今后改进的要求，保护孩子的积极性，让孩子体验到被尊重的感觉。

女 大 侠

五年级时,学校为进行教学探索,从妮妮所在年级的四个班中各抽出一些学生组成新的一个班级。女儿做了班长。

一天她回家跟我说:"我们班很多男生都喊我'女大侠'!"

我一惊,大侠? 女大侠? 这背后有故事! 做完作业,跟她谈心,我说:"你到了新的班级,我都没来得及问问你习惯吗? 同学、老师熟悉了没有? 今天你告诉我说,男生喊你'女大侠',正好,我很想知道,他们为什么喊你女大侠呢?"

妮妮想了想,"可能是这样的,隔壁班有几个男生经常喜欢到我们班来，每次来，都会打我们班的男生，尤其是我们班的几个小个子男生，我看到了很气愤，我不允许别人欺负我们班的人！所以，每次有这样的事情发生，我都会去帮我们班的男生，有时还会喊上其他几个女生帮忙，赶走他们。现在，这几个人已经不怎么敢来我们班了。我不知道是不是因为这个原因，很多男生有时就叫我女大侠了。"

听完妮妮的叙述，我沉思片刻跟她说："作为班长，你愿意去保护班上的同学，妈妈赞成。但是，妈妈要提醒你，保护别人的前提条件是保证自身的安全。以后再有类似的事情发生，妈妈建议你喊上许多同学一起去批评他们；你还可以告诉他们的老师，让老师找他们谈话，严肃批评他们。总之，可以先找到安全有效的办法去解决问题。不要什么情况下都不管不顾地直面现场，有时反而会把事情搞砸。记得，解决问题靠智胜而不是蛮胜！还要特别提醒你的是，女孩子，自身安全是第一重要的。"

我的"用心"点：

妮妮从小就有责任担当，富有同情心，一直以来我也比较注意培养这方面的品质。但我也担心这种担当意识过度了，就会变成因为有担当而不计危险、合适与否、甚至不计后果的鲁莽行为，为了证明自己是一个有十足责任心的人，去做一些超出自己能力范围的事，担当意识演变成一种虚荣心，那是万万不行的，需要警惕！

"妈妈帮你来画画"

妮妮在小学五年级时,她的表姐报考南京外国语学校,只是可惜,离女生录取线差一分,需要交赞助费 4 万元才能录取。大人们在家里说这件事时,妮妮在一旁默默地全听到了。

等家里客人一走,妮妮就对奶奶说:"奶奶,以后我也要考外校,我还要考一个不花钱的给您看看。"此后,她一直很努力。

在六年级毕业前夕的报考南外的考试中(妮妮小学毕业那年是南京外国语学校最后一次海选学生,她后面一届开始就有摇号的做法了),她顺利从第一轮考试的15900 多名考生中"冲出",进入 2000 名参加南外笔试的考生行列。这期间，也是她小学的毕业考试时间。由于她所在的北京东路小学是我省当年实施素质教育的示范学校，因此，即使是入围南外考试，学校依然要求所有孩子必须参加所有学科的考试，包括美术课。

一天，妮妮回家对我说："妈妈，我忙不过来了，我想抢在南外正式考试前，把初二的英语带子（录音带）听完，但今天老师布置我们要完成两幅美术作业——临摹名画。"

我说："没关系，这画画的事妈妈来完成，你尽管全身心去听录音带。如果老师问起此事，妈妈来解释。"当时我的思考是，关键时期，不要让孩子分心，实际这也是妮妮上小学以来我一直坚持的指导思想：关注孩子学习的过程比关注孩子学习的结果更重要。于是就有了妮妮进入小学高年级学习后，在她忙不过来的时候，我都会让妮妮把数学作业的算式列出来就行，因为了解了孩子是否理解题目（从孩子立算式中可以了解）就能知道她的学习水准在哪里，至于呆板的计算不是问题关键，所有计算的事情由我来完成。所以，在这个节骨眼上，临摹名画这样的"呆事"自然就由我代劳了。

我的"用心"点：

掌握良好的学习方法，关注孩子的学习过程，从了解孩子如何学习来了解孩子真正的学习水准，进而帮助孩子节约学习时间，提高学习效率。因为我坚信：关注孩子学习的过程比关注孩子学习的结果更重要。尤其在倡导素质教育的今天，学习过程不仅反映出孩子对知识的理解、掌握情况，还体现了孩子的学习态度、学习习惯和努力程度。学习过程中没有出现什么问题，学习的结果自然也会令人满意。

教育更要做好预防

　　妮妮小学快毕业时,我利用去超市购物的机会跟妮妮做了一次较为深入的交谈,因为购物时人比较放松,利于谈话。

　　在谈到即将到来的生理变化及进入初中学习可能会遇到的其他事情,我告诉她,马上你就是中学生了,你会变得越来越漂亮,会有男生来喜欢你。但是宝贝,请你一定记住,你还在读书,好比你在电梯中,正处于上升通道。电梯在上升的过程中,时常会停下来,可能是三楼,可能是六楼,还可能是十楼。电梯每停下一次,打开门时,可能外面都会有东西吸引你,诱惑你出去。但是,孩子,你要记住你是要去往 20 楼的,你的目的地在高处,假如你经不住诱惑而轻易出来,那么你可能就到不了你要去的目的地了。所以,读书是你这个阶段的主要任务,恋爱不是这个时候你适合做的事情。妮妮似懂非懂地点点头。

后来的事实证明,我当时的谈话是必要和及时的。妮妮在初中阶段变成了"年级里的美女"(妮妮原话),当我在别人那里听说在年级里有男生喜欢妮妮时,曾紧张地问她,"听说你在年级里很有名哎!"因为信息不确定,我不敢直接问她是否恋爱,只有这样旁敲侧击。

她看看我说:"那是当然。"我反问为什么的时候,她开玩笑似的回答,"我是美女啊!"当然,她也敏感地问我为什么要问她这样的话,我就实话实说了。她听后哈哈大笑,"妈妈你太敏感了!"当然,这些都是后话了。

我的"用心"点：

———◆———✦———◆———

　　教育上的事和医疗卫生工作是一样的，都是预防为主。在孩子的特殊年龄到来之前，一定要把孩子在下一个年龄段将要出现的生理和心理特点预告给孩子，让她有所准备而做到遇事不慌，处事从容，健康成长。

　　家长在和孩子谈论一些敏感话题时，最好采用委婉的方式进行沟通或劝解，千万不要以硬碰硬，引起孩子的反感。营造和谐温馨的家庭教育环境，尊重孩子的隐私，先做孩子的朋友，然后才是父母。

———◆———✦———◆———